PROYECTO SELF-CARE

JANE HARDY

PROYECTO SELF-CARE

Descubre el poder de cuidarte a ti misma

Ɔ I A N A

Obra editada en colaboración con Editorial Planeta – España

Título original: *The Self-Care Project*

© 2017, Jayne Hardy
© 2019, Traducción: Aina Girbau Canet

Diseño de portadaa: Planeta Arte & Diseño
Ilustraciones del interior: © Dominic Hardy

© 2019, Editorial Planeta S.A. – Barcelona, España

Derechos reservados

© 2020, Editorial Planeta Mexicana, S.A. de C.V.
Bajo el sello editorial DIANA M.R.
Avenida Presidente Masarik núm. 111,
Piso 2, Polanco V Sección, Miguel Hidalgo
C.P. 11560, Ciudad de México
www.planetadelibros.com.mx

Primera edición impresa en País: septiembre de 2019
ISBN: 978-84-08-21385-7

Primera edición impresa en México: agosto de 2020
ISBN: 978-607-07-7080-7

Impreso en los talleres de Litográfica Ingramex, S.A. de C.V.
Centeno núm. 162-1, colonia Granjas Esmeralda, Ciudad de México
Impreso en México – *Printed in Mexico*

Para ti y para mí.
Dedicado a Domski, Pegs, Mother Hubbs,
Claire y Windog.

Sumario

Introducción

Todas sabemos cómo cuidarnos, pero una cosa es ser conscientes de los beneficios derivados del autocuidado y otra muy distinta, priorizarlos.

La vida puede ser frenética. También puede ser agotadora. Hay demasiadas cosas que compiten por nuestra atención y, a veces, sin darnos cuenta, olvidamos lo importante que es nuestro bienestar. Es algo que nos resulta muy fácil porque el volumen del ruido externo es altísimo. Nos llega desde muchos puntos distintos, y requiere nuestra atención.

Así que le damos nuestra atención.

Colocamos las necesidades y las voluntades de los demás por delante de las nuestras, y nos dejamos a nosotras de lado.

Vivimos en un mundo acelerado, lleno de imágenes de perfección en las redes sociales. No nos sentimos lo suficientemente buenas, o creemos que no hacemos lo suficiente. Comparamos nuestra situación con fotos de un instante concreto retocadas con muchos filtros y nos preguntamos qué estamos haciendo tan mal.

Ahogar el ruido y sintonizar con tu voluntad y tus necesidades no es tarea fácil.

Nos olvidamos de lo que nos nutre. Olvidamos que somos importantes. Nuestras acciones confirman a todos los demás lo importantes que son ellos y dónde nos situamos en el orden jerárquico: normalmente en lo más bajo de la lista; somos un elemento secundario. Muchas de nosotras hemos bailado al son de otras personas toda nuestra vida. Vivimos por y para sus ideales y expectativas, y les permitimos que moldeen y diseñen nuestras vidas. Nuestros límites son confusos. Perdemos el sentido de quiénes somos en realidad, de lo que verdaderamente queremos y necesitamos. Y nos preguntamos por qué nos sentimos tan desorientadas y cansadas hasta la médula. Hemos dado todo lo que teníamos y no nos queda nada para nosotras. ¿Te suena?

Cuando vivimos exhaustas, día tras día, abrimos la puerta a una gran cantidad de enfermedades. Creamos la tormenta perfecta para una salud frágil, tanto mental como física.

Sin embargo, para incorporar el *self-care* o autocuidado en nuestro día a día, tenemos que dar puerta a algunos de los hábitos existentes, introducir nuevos hábitos y ser conscientes de lo que realmente nos hace sentir cuidadas. Y esto no es tarea fácil.

El propio acto de pensar en el *self-care* puede sacar a la luz sentimientos de egoísmo, de culpabilidad y de falta de valía. Seguimos colocándonos al final de la lista y nos preguntamos por qué nos sentimos tan exhaustas, insatisfechas y nerviosas.

Es un campo de minas al que nos enfrentaremos sin rodeos. Juntas.

Este no es un simple libro sobre el cuidado personal. La responsabilidad se halla en nosotras y en lo que podamos aprender acerca de nuestra propia persona. Aparte de mi aportación, encontrarás claves para escribir un diario y sugerencias acerca de cómo afrontar algunas de las barreras más comunes. Tú decides si te quieres leer el libro de un tirón y después volver a esas partes, o si quieres ir haciendo pausas cuando llegues a ellas. Haz lo que te parezca mejor a ti; este es el quid de la cuestión.

Jayne x

P. D.: Me puedes encontrar en internet. Acércate a saludarme:
📷 🐦 @JayneHardy_

1. ¿Quién soy yo para escribir este libro?

«El autocuidado y yo tenemos una relación de amor-odio.»

Estás a punto de conocer algunas de mis rarezas, así que para compensar, he pensado que empezaría con algunas notas interesantes. Soy muy introvertida: según el test de personalidad de Myers-Briggs, soy de tipo INFJ (Introvertida, Intuitiva, Emocional y Calificadora). He corrido dos medias maratones y el momento clave en una de ellas fue cuando me adelantó un hombre disfrazado de genital masculino gigante. La articulación de mi codo está hecha de titanio procedente de Francia, el resultado de una horrible caída por las escaleras (estando sobria) un día que iba con prisas por llegar al trabajo. Hacia el año 1980 gané el título de *Mini Majorette* del año, lo cual me entusiasmó, y este logro me hizo tanta ilusión que ha llegado aquí, a este libro. Tengo una fascinante cicatriz debajo de la ceja izquierda porque me caí de cara al suelo cuando era una cría (el asiento del váter quedó mejor que yo).

Me casé con mi ligue del instituto, en Malta. Me quedé dormida mientras daba a luz (demasiada diamorfina). He pilotado un avión y he hecho *puenting* y esferismo (tirarse rodando por una colina dentro de una esfera transparente).

También soy una prolífica malabarista: soy madre, esposa, hija, hermana, amiga, líder de un equipo, y no puedo ducharme sin que me venga otra «buena» idea a la cabeza.

¿A qué no sabes con qué la cago más a menudo? Sí, lo has acertado: la única bola que se me cae constantemente haciendo malabarismos es la bola del *self-care*, una de las más importantes de todas. Como buena humana, culta y (normalmente) racional, he emprendido una misión para averiguar por qué me pasa esto. ¿Por qué siento resistencia a cuidar de mí misma? ¿Qué es lo que hace que me repugne priorizar el cuidar de mí misma? ¿Y por qué, dime por qué, me siento como si saboteara yo misma cualquier cosa que me haga sentir bien? ¿Por qué narices siento con tanta intensidad que no me lo merezco?

Tengo un largo historial de depresión, y mi objetivo de enfrentarme a esta parafernalia del *self-care* me ha llevado a menudo a preguntarme qué vino primero, ¿mi falta de autocuidado o la depresión? Es una pregunta del estilo de «¿qué fue antes, el huevo o la gallina?». Sin embargo, la ciencia nos dice que el cuidado personal y el bienestar mental están intrínseca-mente conectados.

La depresión me robó trozos de vida y me incapacito para ir a trabajar, salir de casa o emprender los actos más básicos de *self-care* (perdí un diente porque no me sentía lo suficientemente válida como para cepillármelos). Me sentía agotada, incompetente e inútil. Y me trataba a mí misma acorde con estos pensamientos.

No aprendí a gestionar la depresión en serio hasta que volví a cuidar de mí misma. Una práctica que no se correspondía para nada con cómo me sentía. Me dolía ser amable y cariñosa conmigo, y tratarme bien se había convertido en algo extraño.

Fue mi experiencia con la depresión (el aislamiento, la desesperación y los pensamientos suicidas) lo que me llevó a crear The Blurt Foundation en 2011.

Recuerdo acercarme a los treinta y echar la vista atrás, hacia los últimos ocho años. La depresión se había zampado la mayor parte de mis veinte, y no quería perder otra década igual. Supongo que ese fue el momento en el que dejé de darme por vencida.

«No aprendí a gestionar la depresión en serio hasta que volví a cuidar de mí misma.»

En ese momento no me cuidaba nada; no me duchaba muy a menudo ni comía bien. Mi pelo parecía un estropajo y, aunque nadie me lo dijo nunca, seguro que apestaba.

Mi cama era mi lugar seguro, y allí es donde me escondía del mundo. Lo que no veía en ese momento es que, al buscar refugio, también me estaba creando

> **«Creo firmemente que todo el mundo debería ser escuchado y, por eso, respondemos a todos y cada uno de los correos electrónicos y mensajes en las redes sociales.»**

una especie de cárcel para mí misma. Mi ventana hacia el mundo exterior se hallaba predominantemente en las redes sociales. Podía entrar y salir cuando me apeteciera, pero también conectar con gente que lo estaba pasando igual de mal que yo. De hecho, eran mucho más valientes que yo porque hablaban de la depresión de forma abierta y sin avergonzarse.

Yo aún tenía que llegar a ese punto.

Twitter abrió ante mí el mundo de los blogs. Vi que había gente haciendo blogs acerca de todo tipo de cosas y yo echaba de menos escribir, ya que la escritura era algo que siempre me había encantado, hasta que la depresión minó la alegría y la seguridad en mí misma que me aportaba. Decidí que escribir un blog de belleza tal vez me ayudaría a cuidarme. Pero para escribir sobre productos de belleza tendría que usar productos de belleza: ¡*self-care* puro y duro!

Ese pequeño blog me ayudó en muchos aspectos, pero no creo que sea capaz de expresarlos con palabras: me dio un propósito, me distrajo de los pensamientos suicidas, me reinyectó el placer por la escritura e hizo brillar de nuevo el sol en mi vida. Empecé a cuidarme más y a ver un atisbo de futuro ante mí.

La progresión natural era empezar a escribir acerca de otras cosas que fueran importantes para mí.

Al ser un blog de belleza, me dio la sensación de que no tenía una visión general de lo que era la vida para mí en ese momento. Tenía el impulso de escribir acerca de la depresión, pero no estaba segura de si podía o debía hacerlo.

Finalmente acabé escribiendo una entrada de blog acerca de mis experiencias con la depresión. Era la primera vez que intentaba expresarlo todo con palabras. Fue un proceso doloroso, al igual que es siempre doloroso enfrentarse a la oscuridad cuando le tienes miedo.

Esa entrada en el blog lo cambió todo.

Menos de veinticuatro horas después de su publicación, recibí unos ciento y pico correos electrónicos, mensajes de texto en el móvil, mensajes en Twitter y Facebook y comentarios en el blog. Personas a las que conocía desde primaria me contaban sus experiencias con la depresión. No tenía ni idea de que también lo estaban pasando mal. Completos desconocidos me daban las gracias por mi sinceridad y por expresar con palabras lo que estaban viviendo.

Hubo un par de cosas que quedaron muy claras: 1) la gente se encontraba bastante cómoda hablándome por internet, y 2) todos estábamos sufriendo solos cuando podríamos haber estado apoyándonos unos a otros.

Y así es como nació la idea de Blurt, una plataforma para iniciar conversaciones acerca de la depresión, aumentar la concienciación y la comprensión, conectar a las personas y llegar a ellas dondequiera que estuvieran (online). Mis vivencias influyen en cómo dirigimos Blurt, a modo de empresa social. Creo firmemente que todo el mundo debería ser escuchado y, por eso, respondemos a todos y cada uno de los correos electrónicos y mensajes en las redes sociales. También creo que para empezar conversaciones tienes que hablar a la gente de forma amistosa, informal y amable. Internamente, nos centramos mucho en el *self-care* y permitimos que el equipo trabaje de forma flexible para facilitar la conciliación familiar y laboral al máximo.

Nuestro trabajo con Blurt es solamente la punta del iceberg en cuanto a lo que se tiene que hacer para ayudar a quienes sufren una depresión. Por eso siempre tendemos a mirar más allá para ver cómo podemos llegar y ayudar a más gente. Y al hacerlo, es fácil olvidarse de detenerse y reflexionar sobre lo mucho que he cambiado y lo mucho que Blurt, como equipo, ha logrado.

Me parece asombroso que ahora tengamos un equipo de trece personas, que hayamos tenido más de dos millones de visitas en nuestra página web en 2016, que cada día recibamos cartas, tarjetas, correos electrónicos y comentarios en las redes de gente que dice que les hemos ayudado, que haya gente que nos atribuya haberles salvado la vida, y que cada día presenciemos cómo cientos de personas utilizan su retrospectiva como perspectiva para otras y se dan apoyo unas a otras con un alto grado de amabilidad, paciencia y generosidad.

«La aprobación se convierte en algo externo: la buscamos en los demás en vez de buscarla en nosotras.»

Escuchamos a nuestro público con seriedad, pues para nosotros son como nuestros accionistas. Las conversaciones que tenemos con nuestro público dan forma a nuestras prioridades organizativas.

A lo largo de estas conversaciones, también empezamos a entender que el énfasis cultural en «hacer el bien» y «dar en vez de recibir» pone cierta presión a la gente para que lo haga todo y no reciba nada. Significa que estamos agotadas, y que nunca sentimos que estemos haciendo lo suficiente o que valgamos lo suficiente. Nos miramos, vemos nuestras carencias y nos pasamos el resto del tiempo compensando nuestros defectos. La aprobación se convierte en algo externo: la buscamos en los demás en vez de buscarla en nosotras. Nuestra amabilidad se proyecta hacia el exterior y nos queda muy poquita, o nada, para nosotras.

En octubre de 2016 lanzamos el reto de #365daysofselfcare («365 días de autocuidado»), en el que animamos a la gente a que realizara cada día un pequeño acto de *self-care* y que difundiera sus esfuerzos en las redes sociales. Se hicieron visibles los siguientes aspectos: 1) la gente quiere sentirse mejor, 2) no siempre entiende lo que significa el autocuidado en primera persona, y 3) la culpabilidad y la resistencia son para el *self-care* lo que el Joker es para Batman.

Y es por eso que estoy aquí, escribiendo estas palabras. Vamos a examinar a fondo lo esencial. Expondremos por qué es importante el *self-care*, por qué nos cuesta, y cómo mantener un hábito diario de autocuidado.

Puedes encontrar Blurt en estos sitios:

Página web: <blurtitout.org>
🇫 facebook.com/@blurtitout
🐦 @blurtalerts
📷 @theblurtfoundation

Estamos juntas en esto, así que esas veces en las que puede que te fallen las fuerzas, me parece una idea fantástica echarte una mano, facilitarte conexiones y animarte un poco por las redes sociales. Si te quieres unir a nosotras, utilizamos la etiqueta en inglés #selfcareproject.

Nueve maneras en las que se me ha dado fatal el autocuidado

El *self-care* y yo tenemos una relación de amor-odio. Entiendo lo importante que es cuidarse a una misma, en serio, y cuando incorporo el autocuidado en mi vida cotidiana, obtengo una recompensa diez veces mayor. Soy una persona mejor. Me encanta la persona en la que el *self-care* me ayuda a convertirme.

Pero por razones que aún no comprendo, fallo el tiro continuamente a la hora de cuidarme, como si en vez de una pelota lanzara una patata caliente radiactiva. Odio que me resulte tan difícil priorizar mis necesidades, especialmente sabiendo que soy la primera que anima a los demás a que prioricen las suyas. Odio el diálogo interno que ocurre cuando consigo dedicarme tiempo a mí misma. El diálogo que me muestra las cosas que «debería» estar haciendo, las personas con las que «podría» estar pasando tiempo, aquello que fulanito y menganito «harían». Ya sabes, esos pensamientos de tipo «podría, debería, haría» que nos repetimos como un disco rayado. Por desgracia, tampoco creo que desaparezcan. Simplemente nos volvemos más fuertes a la hora de ignorarlos, más hábiles a la hora de tirar adelante sin tenerlos en cuenta, y nos enamoramos tan locamente de los resultados de nuestras parafernalias de *self-care* que, al final, no hacerlas se vuelve más doloroso que hacerlas.

En lo que respecta a las formas en que he fracasado terriblemente a la hora de cuidarme, déjame que te diga que la lista es extensa y que tuve que hacer una brutal selección para incluir solamente nueve maneras en las que se me ha dado fatal el autocuidado.

Para mí, es importante hablar de las veces en las que la hemos pifiado. No lo hacemos lo suficiente. Compartimos nuestros mejores momentos espontáneamente y con orgullo. Gritamos a los cuatro vientos cuando las cosas nos están yendo bien, pero nos escondemos cuando se ponen difíciles. ¿Dónde están los ejemplos de dolor y rechazo, las batallas que hemos librado y perdido, en los muros de nuestras redes sociales? Son contados. Pero todas experimentamos obstáculos en la vida, y cuando compartimos el complicado caos que representan, abrimos la puerta a que otras hagan lo mismo, lo cual a menudo nos ayuda a reducir la vergüenza que sentimos.

Nadie tiene nunca una vida perfecta, por mucho que lo pueda parecer desde nuestros asientos en primera fila. Tenemos problemas, nos rompen el corazón, las cosas no van como habíamos esperado, y mientras nos esforzamos por adaptarnos a nosotras mismas, toda esta experiencia es a menudo dolorosa. Crecer hace daño. Te lleva a atravesar tiempos difíciles y te exige que tengas tanta conciencia de ti misma que te lo cuestiones todo, lo interior y lo exterior, para poder aprender algo por el camino. Cuando la esperanza es frágil y te estás aguantando con la punta de los dedos al borde del precipicio, se necesitan carretadas de valentía para levantarte una y otra vez, y otra, y otra, y otra, y otra y otra.

La vida es una montaña rusa, y los momentos bajos son más educativos que los álgidos. Son los bajones los que nos aportan valiosas lecciones y conocimiento. Son el momento en el que entendemos nuestro verdadero carácter y nuestra fuerza interior. Eso es algo que hay que celebrar en nosotras y en las demás: que hayamos experimentado estos enormes obstáculos, hayamos navegado por circunstancias peliagudas y hayamos encontrado el camino para superarlas. Los bajones no deberían ser una fuente de chismorreo y juicio malicioso ni de pedantería. Todas aprendemos sobre la marcha.

Yo estoy semiorgullosa de esos momentos en los que no he sabido cuidarme. Al darme cuenta de que he fallado, he desarrollado un autoconocimiento que me permite ver esos sucesos tal y como son. No son episodios de fracaso ni palos con los que fustigarme, sino ocasiones en las que podría haberme cuidado mejor, y si se tuviera que repetir la historia, me gusta pensar que el resultado sería diferente. Yo aún estoy evolucionando, y el autoconocimiento me echa un cable al brindarme una lista de objetivos de *self-care*, una hoja de ruta, por así decirlo, de cosas que puedo mejorar con el tiempo. Solo sabemos lo que sabemos, y al ver las circunstancias en retrospectiva, podemos reflexionar sobre ellas sabiendo hoy más de lo que sabíamos antes. No es una situación de igualdad: siempre miraremos de forma desfavorable las cosas que no salieron del todo bien, porque ahora estamos más informadas de lo que estábamos ayer, y sabemos cómo se desarrollaron esas decisiones/acciones.

Con esto en mente, voy a compartir sin complejos algunas verdades embarazosas contigo.

1. UNA OTITIS QUE DURÓ UN AÑO

Siempre he tenido problemas con los oídos. Si estoy agotada, mis oídos y mi garganta son los primeros en hacérmelo saber. En el oído derecho tengo un grado de audición prácticamente inexistente debido a las innumerables otitis que tuve de niña. Seguramente pienses que debería estar enormemente agradecida y ser respetuosa con mi oído izquierdo y que tendría que hacer lo que fuera para proteger su buen funcionamiento, para no quedarme completamente sorda. Lógico, ¿no? Estoy de acuerdo contigo, y es por eso que este caso concreto de mal autocuidado me confunde y me deja perpleja a partes iguales.

En agosto de 2015 el oído izquierdo empezó a dolerme y a supurar una porquería fétida. Fui al médico y me dieron un tratamiento antibiótico, lo cual redujo el dolor, pero no lo hizo desaparecer ni hizo que me dejara de supurar esa cosa asquerosa del oído. Mi nivel de audición se redujo considerablemente, por lo que me costaba mantener conversaciones, ya que no podía escuchar a nadie demasiado bien. Esto afectó a mi calidad de vida, porque a menudo carecía de la energía necesaria para concentrarme en las conversaciones que había a mi alrededor, y me sentía como si fuera una espectadora, un poco excluida, y seguro que a los demás les incordiaba cuando les pedía que me repitieran una frase, una y otra vez. El dolor no era muy fuerte, sin duda soportable, pero cualquiera se preguntaría por qué narices querría aguantarlo.

Un año después de la primera visita, volví a ver a mi doctor. Me recetó un espray para el oído, y en veinticuatro horas había recuperado el oído, mi oreja dejó de supurar y el dolor se fue.

2. PELO DE TEJÓN

Esto es algo triste en la historia de mi vida, pero si no hiciera nada al respecto, mi pelo tendría una cantidad considerable de canas. Me empezaron a salir a los veinticinco y desde entonces se han ido esparciendo a una velocidad espeluznante. A la que me crece el pelo, me queda una evidente raya blanca de tejón en la cabeza, lo cual no me favorece demasiado, ya que no soy un tejón. Aun así, no he conseguido ir a la peluquería de forma regular. Pido citas urgentes a menudo porque tengo una reunión o un evento importante, pero nunca lo hago porque ya toque hacerlo. Nunca es en mi beneficio. Pero ¿sabes qué? Tan pronto salgo de esa furtiva cita en la peluquería, me siento absolutamente fantástica. Es un misterio.

3. IR A LA UNIVERSIDAD

Acabé en la universidad porque odiaba mi trabajo, todos mis amigos habían desaparecido entre varias universidades repartidas por el país y parecía que se lo pasaban bomba, y yo simplemente no sabía lo que quería hacer o ser. Estaba perdida, aburrida e insatisfecha. Parecía que los orientadores vocacionales del instituto nos dieran dos opciones: 1) unirnos al servicio militar, o 2) ir a la universidad. Como había trabajado como becaria antes de acabar el instituto y no me había gustado, sentí que ir a la universidad era la única opción posible para mí. Fue un caso clarísimo de seguir al montón y un craso error. Odié la universidad; no estaba hecha para mí. Estar lejos de casa, la cultura de beber, las aburridas clases que había elegido, el aislamiento, la falta de estructura en las primeras semanas cuando solo tenía dos horas de clases... La lista de razones no tenía fin. Y no quise dejarlo antes porque me daba vergüenza volver a casa como una alumna desertora.

4. VOMITAR, TRABAJAR, VOMITAR, TRABAJAR

Cuando me quedé embarazada de nuestra hija Peggy, tuve hiperémesis gravídica. La HG es similar a las náuseas matutinas, pero durante todo el día, cada día. Me pasaba las veinticuatro horas vomitando o con ganas de vomitar. Fue inhumano. Perdí un diez por ciento de mi peso corporal en las primeras doce semanas de embarazo y acabé en el hospital conectada a un suero que me aportaba el líquido que perdía. Mis riñones no estaban bien, y yo tampoco. Pero, por suerte, cuando Peggy nació, estaba sana. Mirando atrás, no me acabo de creer que no dejara de trabajar durante todo ese tiempo. Trabajé durante los descansos entre vómito y vómito; trabajé desde la cama del hospital. No paré. Mi salud estaba en peligro, y Peggy ya era algo increíblemente valioso para mí, pero, aun así, puse mi cuerpo al límite. No había nada admirable en aquello que hacía. Lo haría todo de una manera totalmente distinta si pudiera volver a hacerlo.

5. NO TENGO DENTISTA

A los dieciocho me di cuenta de que tenía una mejilla hinchada y me dolía una barbaridad. Me aventuré a ir al dentista, y descubrí que la persona que me acosaba en el colegio era ahora la asistente del dentista y que, además de eso, no solo tenía un absceso que se tenía que reventar, sino que, encima, me remitió al hospital para que me sacaran las cuatro muelas del juicio. No hace falta que diga que fue una experiencia aterradora, y que no he vuelto a ver a ese dentista ni a cualquier otro desde entonces. Lo cual me llevó cordialmente a decir...

6. ADIÓS, MUELA

A los veinticuatro estaba combatiendo una depresión, y sin prisa, pero sin pausa, todas mis actividades de autocuidado se quedaron a medio camino. No comía bien, no dormía bien ni me ocupaba de mi higiene personal. No sentía que fuera merecedora de ese cuidado, y los pensamientos suicidas me decían que no tenía sentido de todas formas, que no lo necesitaba allí donde iría. Mis dientes se llevaron la peor parte de esto: su desastroso estado por no ir al dentista, el no cepillármelos y la adicción a la Coca-Cola *light* me llevaron a perder una muela mientras mordía una tostada de pan con semillas. En ese momento no me importó; casi ni me di cuenta. Pero con el tiempo, cada vez me importa más este tema, y me gustaría que alguien le echara un vistazo, junto a mis otros problemas dentales (gracias, hiperémesis gravídica, por tus secuelas).

7. FRONTERAS IMPRECISAS

Esto no es nada raro en mí: mis límites son imprecisos y reafirmarlos o definirlos hace que me sienta repulsiva. A menudo, siento que mis límites son un fastidio para los demás y esto alimenta el problema de baja autoestima que estoy intentando arreglar. Tampoco ayuda el hecho de que sienta empatía por aquellos que se resisten a mis límites. Para mí, su perspectiva de la situación tiene sentido; entiendo por qué se sienten como se sienten, y luego me siento mal, como si yo fuera la responsable de eso. Lógicamente, sé que cada uno es responsable de su propia felicidad, pero si mover una de mis fronteras le hace la vida un poquito más fácil a otra persona, te puedes jugar lo que quieras a que seguramente lo haré. Sin embargo, siempre tiendo a arrepentirme. Cuidarme en lo relativo a mis límites es algo en lo que aún estoy trabajando, y por ello tengo preparadas respuestas a esas situaciones que los ponen a prueba. Pero a la vez siento miedo y vuelvo a hacerlo de todas formas. También es un tema de respeto por una misma. Enseñamos a los demás a que nos respeten por lo que les permitiremos y lo que no. Me gustaría que mis acciones valieran más que mil palabras para que mi hija creciera también con este conocimiento.

8. TODAS LAS VECES QUE DIJE «SÍ» CUANDO REALMENTE QUERÍA DECIR «NO»

Este es también, en cierto modo, un problema de límites, pero a la vez siento que es algo distinto, por muchos otros factores. Nunca he sentido que «encajara», y a medida que me he hecho mayor, he empezado a entender que no es algo tan malo. Cada vez estoy más cómoda con mi personalidad introvertida y poco convencional, y esto es, simple y llanamente, una revelación. Pero mientras iba creciendo, por lo menos hasta que cumplí los treinta y pocos, yo quería encajar. Estaba desesperada por sentir que «era parte» de algo. Hacía lo imposible para conseguirlo. Esto me hacía sentir repulsión, porque no estaba siendo para nada auténtica. Solo quería gustar a los demás, y pensaba que tenía que contentar a todo el mundo. La felicidad de los demás se convirtió en mi objetivo. Digamos que estaba haciendo algo en el presente que me resultaría contraproducente en el futuro. Me acostumbré tanto a interpretar a los demás, a entender cuáles eran sus necesidades, voluntades y expectativas, que silencié por completo las mías. Y esto me pasó factura más adelante. Perdí tanto tiempo y energía haciendo cosas que realmente no quería hacer que me acabé metiendo en un berenjenal yo sola: resentimiento, problemas de confianza, baja autoestima, búsqueda de aprobación, dar demasiado de mí y perder mi sentido del «yo», por poner algunos ejemplos. Para nada divertido.

9. PELUQUÍN DE NATILLAS, ¿ALGUIEN QUIERE?

Al mismo tiempo, ser madre me enseñó que sería capaz de ir al fin del mundo para asegurarme de que mi hija fuera feliz. Y para ello, tendría que tomarme el *self-care* muuuuucho más en serio. A partir del momento en el que tuve a mi hija, estas lecciones empezaron a aparecer como setas. Pero hay un incidente que tengo grabado en la cabeza. Visto a posteriori es aún más gracioso, y una clara lección sobre cómo, cuando estás hasta la coronilla, las cosas pequeñas se magnifican (al fin y al cabo, son la gota que colma el vaso).

Peggy tenía unos siete días y estábamos a punto de comer un plato caliente. Nuestro mundo era un caos, tal y como lo es siempre que le das la bienvenida a algo tan pequeño y dependiente a tu vida. Se dice que se necesita un pueblo para criar a un niño, pero nuestro pueblo es más bien una aldea con muy poca gente disponible para ayudar en la crianza infantil.

Mi depresión posparto estaba en su momento álgido, los puntos que llevaba «allí abajo» me estaban tocando las narices, y al verme libre de la hiperémesis gravídica que había sufrido, la comida me aportaba un nuevo grado de felicidad. Cansada, llorosa e irracional, quería comer algo caliente, y esto se convirtió en lo más importante. Y no estaba sola en ello: mi marido estaba bastante cascarrabias y también con ganas de algo más caliente que un bocadillo, así que preparó una comida deliciosa con un crujiente de manzana de postre.

Peggy se había dormido mientras preparábamos la comida; empezó a despertarse a la que nos llevamos la primera cucharada a la boca, pero nos las arreglamos para cenar antes de que se requirieran nuestras habilidades parentales. Solo que yo no me había comido mi crujiente de manzana y tenía muchas ganas de comérmelo. Haciéndome la mártir, decidí que lo más justo era que Dom se comiera el suyo tranquilamente, ya que él lo había preparado, y que yo me lo comiera haciendo malabarismos con el bebé y el bol. Todo saldría bien.

Pero no salió bien.

Una cucharada de natilla (fría) salió disparada y cayó en la cabeza de Peggy. Entonces se desató una tormenta de llantos, y creo que ni me acabé mi crujiente de manzana.

Pero seguro que te alegrará saber que desde entonces nos hemos convertido en un gran equipo y no nos hemos dejado de comer ningún postre.

Veces en las que he fracasado en el autocuidado	Lo que he aprendido

Describe 10 cosas interesantes sobre ti:

1. _____

2. _____

3. _____

4. _____

5. _____

6. _____

7. _____

8. _____

9. _____

10. _____

¿Con qué pelotas estás haciendo malabarismos?

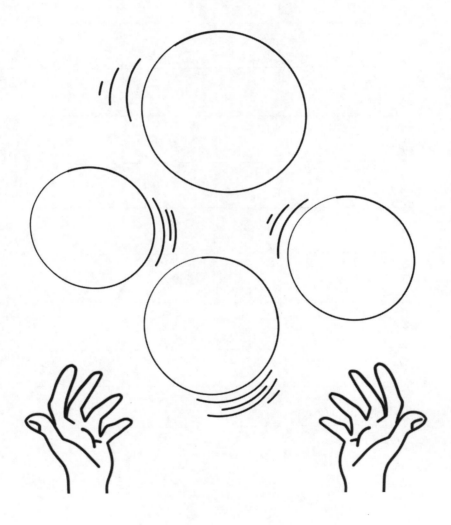

2. ¿Qué es el self-care?

«A pesar de lo que te digan esos inoportunos pensamientos que te rondan por la cabeza, cuidarse a una misma no es egoísta.»

Si crees que el autocuidado es la última «moda», «novedad» o «palabra en boga», no eres la única. En los últimos años, el uso del término *«self-care»* («autocuidado») ha ido cambiando de izquierda a derecha y al centro. La verdad es que sí que es una tendencia: la búsqueda del término en Google tiene más de 44.600.000 resultados; en español, «autocuidado» aparece 9.460.000 veces. Parece que todo quisqui habla de ello. Todo el mundo nos anima a que nos cuidemos mejor.

Pero del mismo modo que en el mindfulness y en la gratitud, las enseñanzas sobre el autocuidado encuentran su origen en la historia. No se trata de términos, enseñanzas o conceptos nuevos: tienen todo el sentido del mundo. Y ahora más que nunca, puesto que nuestras vidas son ajetreadas, y estamos asqueadas y cansadas de sentirnos asqueadas y cansadas.

De hecho, el *self-care* se basa en el mindfulness, dado que no puedes cuidar de ti en el sentido más auténtico si no entiendes lo que necesitas, lo que te consuela y lo que te nutre. El autocuidado requiere que seas hiperconsciente de cómo te sientes durante todo el día, cada día. Ser hiperconsciente de cómo te sientes te ayuda a tomar decisiones basadas en tus senti-

«Nuestras vidas son ajetreadas, y estamos asqueadas y cansadas de sentirnos asqueadas y cansadas.»

mientos. Te ayuda a tomar las decisiones adecuadas para ti: aquello que tienes que hacer para ayudarte a sentirte bien, a largo y a corto plazo. Todas hemos pasado por esto: hemos aceptado hacer algo por alguien y al instante nos hemos arrepentido, lo cual nos ha hecho sentir amargadas y tensas. En vez de decir ese sencillo «no, lo siento, no puedo», invertimos una enorme cantidad de energía y espacio mental intentando librarnos del compromiso. Al hacerlo, hemos puesto las expectativas/necesidades/sueños/voluntades/aprobación de esa persona por encima de las nuestras. Hemos priorizado a esa persona y, poco a poco, hemos descendido en el orden jerárquico de qué y quién es importante. Y todo esto pasa, muy a menudo, sin ni siquiera darnos cuenta.

El *self-care* consiste en responsabilizarte de ti misma. Puede que pienses: «¡Yo ya lo hago!». Y sí, seguro que lo haces, ya sea yendo al trabajo, cuidando de tu familia, pagando facturas o participando en una infinidad de otras «responsabilidades de adultos». Pero el autocuidado consiste en responsabilizarte conscientemente de tu felicidad: tus necesidades físicas, emocionales, psicológicas y sociales. Y hacer todo lo que esté a tu alcance para asegurarte de que te sientas satisfecha en estos ámbitos.

En realidad practicas el *self-care* sin siquiera saberlo; te lavas, duermes y comes. Pero la mayor parte de esto sucede en piloto automático, sin un sentido consciente de lo beneficioso que puede ser para ti. ¿Duermes lo suficiente? ¿Comes alimentos que nutran tu cuerpo y tu mente?

Solo tú sabrás realmente lo que significa el autocuidado para ti. Todas somos diferentes: nuestros genes, nuestras experiencias, nuestros grupos de amigos y nuestro estilo de vida. Una actividad que deja a una persona con una sensación de plenitud, para otra puede ser el equivalente de caminar con los ojos vendados y descalzo sobre brasas.

Para añadir más confusión al asunto, a la que te haces mayor y evolucionas como persona, también puede evolucionar lo que representa el *self-care* para ti. Y es aquí donde entra en juego el mindfulness, ya que te ayuda a seguirles el ritmo a tus necesidades, voluntades y sueños cambiantes.

No logramos seguirles el ritmo a nuestras necesidades, voluntades y sueños y, en consecuencia, no nos sentimos felices, ni nos sentimos bien.

En los últimos años hemos vivido un salto asombroso en el campo de la tecnología y, en muchos sentidos, esto es algo bueno, ya que podemos hacer la compra desde la comodidad de

«A la que te haces mayor y evolucionas como persona, también puede evolucionar lo que representa el autocuidado para ti.»

nuestro hogar (en pijama, ni más ni menos), podemos pagar todas nuestras facturas online (los talonarios de cheques están casi obsoletos hoy en día), podemos comprar regalos para amigos y que les lleguen a su casa al día siguiente (o el mismo día, dependiendo de donde vivas), hay gente que ni se desplaza al trabajo porque la tecnología le permite la opción de trabajar desde casa, y podemos hablar con gente de todo el mundo a través de internet.

Qué maravilla, ¿no?

Sí, pero todo esto tiene un precio.

Nuestras vidas están repletas de actividades desde que nos despertamos hasta el momento en el que reposamos la cabeza en la almohada esperando desesperadamente poder dormir bien. Y seguimos sin poder hacerlo todo. Y a la vez estamos a merced de nuestros teléfonos inteligentes y damos un bote cada vez que aparece un destello de luz o una alerta sonora. Pueden contactar con nosotros de un millón de maneras distintas, y tenemos aplicaciones que salen de nuestras aplicaciones. Estamos estresadas, exhaustas, insatisfechas y abrumadas. ¿Felices? ¿Quién tiene tiempo de ser feliz? Nos encantaría dedicarnos a cuidarnos, pero simplemente no tenemos tiempo. Sencillamente no podemos añadir una «cosa» más a nuestra ya exhaustiva lista de cosas por hacer. Vamos de camino a Villaenfermedad, y lo peor es que no nos damos cuenta de ello hasta que llegamos, exhaustas y enfermas.

Si no encontramos tiempo para cuidar de nosotras mismas, nuestra salud tiene una manera de forzarnos a parar y a cuidarnos de algún modo. Si no encuentras tiempo para parar, tu cuerpo y tu mente te forzarán a parar. Y esta es la parte realmente escalofriante. Porque entonces no tienes otra opción que priorizar el autocuidado. Esto es, claro está, si no es demasiado tarde.

Mucha de la presión que sentimos proviene de vivir según las expectativas de otras personas, de sus ideales y de sus necesidades y voluntades. Gritan demasiado fuerte y nosotras nos acostumbramos a satisfacerles, para que se callen. A todas nos gusta gustar a los demás, pero el hecho de satisfacer las exigencias de los demás con nuestro tiempo y con nuestra energía provoca a menudo que acabemos silenciando nuestras necesidades y voluntades individuales. Nos hacemos responsables de la felicidad ajena y renunciamos a la propia.

Y esto no puede seguir así.

A pesar de lo que te digan esos inoportunos pensamientos que te rondan por la cabeza, cuidarse a una misma no es egoísta.

De hecho, cuando nos convertimos en ninjas del *self-care*, tenemos mucho más que ofrecer a los demás. Cuando damos prioridad a nuestras necesidades, esto suele tener un efecto positivo en las cosas que realmente nos importan: nuestra salud, nuestras relaciones, nuestra resiliencia y nuestro trabajo. Las personas que tienen un problema contigo porque te estás cuidando son en realidad el problema.

Un filósofo de la antigua Grecia, Sócrates, entendió el poder vigorizante del autocuidado. También entendió la diferencia entre autocuidado y egoísmo. Dos conceptos que se confunden a menudo.

En estos tiempos modernos circula la idea equivocada de que pensar primero en nosotras es un acto de egoísmo y que el objetivo es ser lo más altruistas posible, lo cual sabotea el poder vigorizante del *self-care*. Del mismo modo que un vehículo puede llegar más lejos si lleva el depósito lleno (con el carburante adecuado), nosotras podemos dar más, ser más y ayudar más cuando tenemos el depósito lleno. El autocuidado nos permite ser la mejor versión de nosotras mismas, lo cual, a su vez, nos permite cuidar bien de aquellos que nos rodean. Facilita que contribuyamos a la sociedad de un modo alineado con nuestros valores (no porque sintamos que tenemos que hacerlo, sino porque hemos identificado las cosas que nos importan y queremos ayudar a marcar la diferencia).

Cuando actuamos desde el egoísmo, a menudo nos centramos en lo que podemos «tener» en vez de en lo que podemos «ser». En muchas ocasiones nos encontramos en situaciones complicadas que ponen totalmente a prueba nuestros valores; motivadas por «estar a la altura de los demás», damos más valor a los títulos que acompañan

«En estos tiempos modernos circula la idea equivocada de que pensar primero en nosotras es un acto de egoísmo.»

al nombre de una persona que a quién es esa persona en realidad, y nos centramos en la satisfacción a corto plazo a expensas de nuestra felicidad a largo plazo.

Las acciones sí que valen más que mil palabras, y cuando nuestras acciones conllevan un cuidado amable, enseñamos a los demás cómo nos gustaría que nos trataran, pero también cómo pueden cuidar de sí mismos.

Esto es a lo que Sócrates se refería cuando hablaba de la «cadena de cuidado»: al cuidarte a ti misma enseñas a quienes te rodean a hacer lo mismo.

Se cree que las primeras enseñanzas sobre el concepto de autocuidado tal y como lo conocemos hoy son las ideas de «cuida el alma» y «conócete a ti mismo», y están tejidas de principio a fin en el «estilo de vida socrático».

Sócrates vivió entre el 470/469 y el 399 a. C. Ha influido considerablemente en la cultura occidental, a través de las obras de Platón, y se dejó la piel a la hora de difundir sus enseñanzas de moral y ética, que iban muy en contra de las creencias y las filosofías de su tiempo. Tanto como para que un jurado de quinientos atenienses lo declarara culpable de «negarse a reconocer a los dioses del Estado» y de «corromper a la juventud», y lo sentenciara a muerte por defender lo que tan apasionadamente creía.

Por desgracia, no existe ninguna obra original de Sócrates; solo podemos confiar en fuentes secundarias, y es por eso que tan a menudo lo vemos descrito como Sócrates platónico, ya que se conocen sus enseñanzas a través de la interpretación de Platón.

Platón era otro filósofo influyente de la antigua Grecia. Se cree que vivió entre el 428/427 y el 348/347 a. C. Él también era un tipo innovador: fundó la que se considera la primera universidad del mundo, la Academia de Atenas, donde se enseñaban asignaturas como Biología, Matemáticas,

Astronomía, Filosofía y Ciencias Políticas. Sócrates fue su mentor, y fuente de inspiración, y a su vez, Platón siguió la cadena enseñando a Aristóteles (otro de esos increíbles filósofos de la antigua Grecia, quien, a su vez, fue maestro de Alejandro Magno, ¡ni más ni menos!). A través de las obras de Platón tenemos una noción de la ética socrática y un conocimiento acerca de cómo aplicarla en la era moderna.

En el *Primer Alcibíades*, de Platón, escuchamos por primera vez con detalle el término «cuidado de sí» *(epimeleia heautou)*. El término aparece al explorar la pregunta de «¿a qué tiene uno que aplicar el cuidado?». La respuesta es: «Cuidar de uno mismo será cuidar el yo en tanto que sea el "sujeto" de un cierto número de cosas: el sujeto de acciones instrumentales, de relaciones con otras personas, de comportamientos y actitudes en general, y también el sujeto de la relación consigo mismo».

Lo que esto significa es que cuando nos cuidamos, encarnamos acciones decisivas y conscientes. El autocuidado también incluye las relaciones que tenemos con los demás (y nuestros límites con esas relaciones) y hace que nos comportemos de una manera alineada con quien somos realmente y que nos tratemos con la atención, la amabilidad y el respeto que nos merecemos.

También en el *Primer Alcibíades*, Sócrates defiende la importancia del autoconocimiento. Hay una famosa inscripción en la pared del Templo de Apolo, en Delfos, que dice *«gnóthi seautón»*, «conócete a ti mismo».

Solo conociéndonos a nosotras mismas podemos cuidarnos con eficacia. Tenemos que saber quiénes somos (nuestros principios, valores, ética y moral), establecer nuestros límites y explorar cómo nos hacen sentir ciertas decisiones y actividades. También ser disciplinadas para descubrir por qué puede que nos sintamos o reaccionemos de una determinada forma.

Y, a veces, nuestra verdad contradecirá lo que hemos aprendido de nosotras mismas, o lo que sentimos que son nuestras obligaciones. Puede que difiera (y seguramente diferirá) de las molestas «verdades» que nos ofrecen los medios de comunicación y el mundo entero.

También habrá veces en que nuestra verdad sacará a la luz algunas verdades duras, cosas que quizá nos provoquen dolor o malestar, o cuyo descubrimiento nos lleve a sentirnos inquietas. Puede que descubramos el resentimiento hacia ciertas personas en nuestras vidas, que descubramos que realmente no disfrutamos con nuestro trabajo, o que invertimos tiempo y energía en gente en la que realmente no queremos invertirlos. ¡Nadie dijo que toda esta parafernalia del *self-care* fuera fácil!

Según Sócrates, el «cuidado de sí» y el «conócete a ti mismo» son principios fundamentales para tener una relación saludable con nosotros mismos, así como con los demás. Al cuidarnos y conocernos, reducimos el riesgo de causar daño a los demás porque somos más conscientes de nuestros límites, nuestros medios y nuestro potencial. Él creía que conocernos nos permite salvarnos y explorar nuevos enfoques en nuestra vida.

Este punto de vista no lo tenemos en cuenta a menudo, pero al no ejercer el autocuidado, estamos siendo autonegligentes, por muy pasivo que esto pueda ser. Lo que más miedo da de todo este asunto es que nosotras no tenemos intención de descuidar nuestras necesidades, pero, aun así, lo hacemos. No nos estamos comprometiendo con nosotras mismas ni a corto ni a largo plazo, lo cual solo nos puede llevar a una cosa: caer en picado hacia una catástrofe en nuestra salud mental y física.

Las líneas que separan el compromiso, el trabajo duro y la autonegligencia están a menudo tan difuminadas que la autonegligencia se acaba convirtiendo en algo admirable: el agotamiento se premia con una medalla de honor, se convierte en una «broma privada» entre compañeros. Nos preocupamos tanto por encajar, tener éxito, contar con la aprobación de los demás y serlo todo para todo el mundo que empezamos a destruirnos en el proceso. Y sí, suena un poco dramático, ¡¿verdad?!

Pero ten en cuenta los beneficios de cepillarte los dientes: una buena higiene oral previene las caries, la gingivitis, el mal aliento, el cáncer de boca y otros considerables gastos dentales. Un acto relativamente sencillo de higiene personal previene todos estos problemas de salud.

El *self-care* previene enfermedades. Es la mejor medida preventiva que tenemos a nuestra disposición. Para sacarle el mejor

«Solo conociéndonos a nosotras mismas podemos cuidarnos con eficacia.»

«No se puede negar que la clave para una salud y una felicidad óptimas radica en el self-care.» partido posible, tenemos que aumentar nuestra capacidad de autoconocimiento, autoobservación y autorreflexión, y evaluar nuestros hallazgos. Tenemos que cambiar de perspectiva acerca de cómo vivimos la vida. Tenemos que entender que, por encima de todo, lo más importante son nuestras necesidades físicas, emocionales, psicológicas y sociales. Empezamos prestando atención a los signos, a menudo sutiles, que nos dicen que nos echemos atrás, que paremos, que nos resignemos.

Esos signos tempranos están siempre ahí, pero sencillamente no somos conscientes de ellos: agotamiento, dolores y molestias, bultos e hinchazones, falta de motivación y sensación de agobio, por nombrar algunos. En vez de explorarlos e ir a la raíz de su causa, los ignoramos y seguimos tirando adelante, sometiendo a nuestra mente, nuestros órganos y nuestras relaciones a una increíble cantidad de estrés. Según el Parlamento Europeo de Salud, un escaso tres por ciento de los presupuestos sanitarios se dedica a actividades de prevención de enfermedades, lo cual significa que necesitamos tomar el testigo, responsabilizarnos de nuestra salud y de nuestro bienestar. Nadie más lo hará.

No se puede negar que la clave para una salud y una felicidad óptimas radica en el *self-care*.

Pocas veces estamos arriba en nuestra lista de prioridades,
donde deberíamos estar. ¿Dónde sientes que estás actualmente?

Utiliza el surtidor que tienes a continuación para marcar lo lleno o vacío que está tu depósito actualmente.

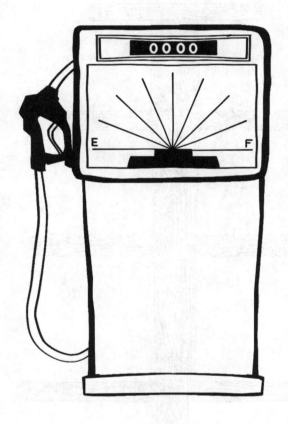

Este será el registro de tu estado de ánimo durante un mes.
Escribe diferentes estados de ánimo que asociarás a
diferentes colores. Cada día tendrás que colorear
una zona del pez para representar el estado
de ánimo que resume tu jornada.

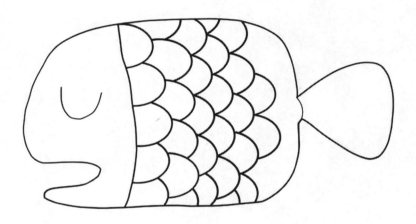

Estados de ánimo

☐ por ej., calmada ☐ ☐

☐ ☐ ☐

3. ¿Por qué es importante el autocuidado?

«El autocuidado nos impulsa a conectar primero con nosotras mismas.»

E l término «*self-care*» o «autocuidado» a menudo evoca un sinfín de escenarios reconfortantes, como una bañera caliente con burbujas y velas aromáticas, una escapada a un balneario en el campo, una cena romántica a la luz de las velas, una manicura y una pedicura perfectas, lujosas mascarillas faciales, vacaciones junto a una piscina, aventuras dignas de Instagram, picnics en el parque con buenos amigos, una noche íntima en...

Esos sí son ejemplos de autocuidado, claro está (para algunas). Pero no lo son todo. Esas situaciones hacen que el autocuidado parezca un club exclusivo para las personas ricas y con mucho tiempo. Son grandes gestos, caprichos, si quieres llamarlos así, pero no son actividades que podríamos integrar fácilmente en nuestra vida diaria. En nuestra rutina no son prácticas de autocuidado realistas por las que luchar, y, si de verdad creemos que el *self-care* es únicamente eso, que es todo lo que hay, entonces la simple noción de esta versión «inalcanzable» del autocuidado nos puede llevar a sentirnos desesperanzadas e impotentes. En ese caso nos resultará más fácil pasarlo por alto; corroborará las sospechas de que «esto no es para gente como yo» que puede que alberguemos. Verás, la verdad acerca del *self-care* es que no siempre es una actividad tan reconfortante; de hecho, puede ser sumamente aburrido. Pero que no te engañen: el hecho de que sea aburrido no reduce su importancia ni sus épicas habilidades transformativas. La parte aburrida del *self-care* puede pasar por ir al médico por aquello que hace tiempo que estás posponiendo, dormir lo suficiente, acordarte de tomar los medicamentos, llamar a tu «equipo de crisis», cepillarte los dientes, ordenar la casa, revisar tus cuentas, buscar trabajo, comer alimentos nutritivos, buscar canguro para el bebé, rellenar formularios, hacer una llamada incómoda, hacer la colada, ducharte, mantenerte firme en tus límites, pedir ayuda, etcétera. La naturaleza aparentemente aburrida de estas actividades a las que llamamos «tareas administrativas de la vida» a menudo conlleva que las vayamos posponiendo o que las evitemos por completo, pero, por naturaleza, a menudo actúan como medidas preventivas. Cuando descuidamos las «tareas administrativas de la vida» prolongadamente, aumentamos el riesgo de turbulencias en nuestras vidas. Turbulencias con las que acaba siendo mucho más difícil de lidiar de lo que habría sido lidiar con la tarea original.

Todo lo que existe en nuestras vidas es el resultado de un conjunto de decisiones, elecciones y acciones. Todo. Lo que más asusta del tema es que nos podemos perder en las minucias, la rutina y la presión externa, lo cual implica que podemos acabar obteniendo resultados que no estén alineados con nuestra voluntad y nuestras necesidades. Esto tiene un enorme impacto psicológico y emocional en nosotras. Para lograr un resultado (ya sea uno que hayamos elegido conscientemente o uno al que nos estemos dirigiendo sin darnos cuenta) tendemos a seguir un proceso; un proceso de acciones y decisiones microscópicas que, normalmente, aisladas quedan un poco deslucidas. Pero cuando se ponen una detrás de otra una serie de acciones y decisiones deslucidas, alineadas con un objetivo que nos hemos marcado conscientemente, entonces alcanzamos lo extraordinario. La clave está en los detalles. Lo que nos ayuda enormemente es saber qué queremos ser/hacer/sentir, porque así tenemos la oportunidad de aplicar la ingeniería inversa a ese resultado y disponer de un plan de acción con los pasos que tenemos que seguir para llegar allí.

Pongamos como ejemplo la emoción que sientes antes de irte de vacaciones y los pasos que puede que debas hacer para llegar allí: tal vez necesites revisar tus cuentas bancarias para apartar algunos ahorros, renovar el pasaporte a veces también puede ser una tarea ardua, la franja de tiempo disponible puede ser complicada de encontrar, elegir adónde ir y con quién, rellenar tu petición de vacaciones en el trabajo, posiblemente ir al médico para que te ponga algunas vacunas, investigar qué seguros hay, qué precios tienen y pagarlos, pagar tarifas de aparcamiento y hacer las maletas. La lista de cosas que tienes que hacer para alcanzar ese momento en el que llegas al destino de tus vacaciones es larga. Y engorrosa. Pero como has tomado una decisión consciente de que estas vacaciones son algo con lo que te has comprometido (es exactamente allí donde quieres acabar), los pasos que necesitas hacer para llegar allí se vuelven más claros. Estás dispuesta a pasar por el aburrido proceso porque el resultado merece mucho la pena.

Pues con el *self-care* pasa lo mismo. Puede que los pasos por separado no sean atractivos, pero si sabemos dónde queremos estar, quién queremos ser, cómo nos queremos sentir y qué queremos hacer, el autocuidado es solamente una denominación para el proceso que nos ayuda a llegar de A a B. Este «conocimiento» es la herramienta que nos guía para tomar mejores decisiones, decisiones informadas, meditadas y proactivas. Si con esto no te basta para hacerte a la idea, además del concepto de cuidados reconfortantes que hemos mencionado, el término «*self-care*» o «autocuidado» tiende a ser más bien de carácter emotivo, nos hace «sentir» algo. Tanto da si ese «algo» conlleva que te sientas egoísta o tal vez indulgente contigo misma por el mero hecho de «plantearte» priorizar tus necesidades, o que sientas vergüenza por no poderte permitir esas actividades reconfortantes, o que te sientas enfadada por la aparente falta de seriedad de todo esto en conjunto, o preocupada por si resulta que no puedes sobrellevarlo. La cuestión es sentir algo. Puede que el término en sí active un episodio de comparacionitis, te haga fruncir el ceño porque estás hasta la coronilla de escuchar este tema (está por todas partes y ha perdido todo significado para ti), o tal vez estés haciendo girar tantos platillos en el aire que estás demasiado abrumada como para parar y reflexionar acerca de lo que significa el autocuidado para ti. Existe una resistencia recurrente hacia el autocuidado.

¿Y no es esto lo que nos pasa a muchas de nosotras cuando entra en escena el cuidado personal?

«Para hacer todo lo posible en el campo del self-care, también tenemos que tener en cuenta nuestras vulnerabilidades.»

Es un tema cargado de implicaciones porque para intentarlo tenemos que vernos como una prioridad y, simplemente, no nos vemos así. Para hacer todo lo posible en el campo del *self-care*, también tenemos que tener en cuenta nuestras vulnerabilidades, pero la verdad es que tampoco nos gusta vernos de este modo porque nos hace sentirnos desprotegidas, expuestas.

Nos enseñan a empatizar, a tener en consideración y a comprender a los demás, nos enseñan a ayudar, a contribuir, a trabajar duro..., pero pocas veces nos enseñan a reconciliarnos emocional y psicológicamente con nosotras mismas. Y esto nos perjudica a todas.

La palabra «yo» puede zarandearnos y ponernos a temblar (¡ya sabes de qué te hablo!) a la par que hacernos sentir la incomodidad propia de cuando nos halagan. Que nos pidan que pensemos primero en nosotras es a menudo una proposición desagradable. Estamos incómodas. Los pensamientos chocan. La vida ya es lo suficientemente frenética tal y como es. Tenemos la mente a rebosar. Tenemos las manos llenas.

Y para meter aún más el dedo en la llaga, no hacemos caso del presentimiento que nos dice que algo no va bien. De que esta versión de la vida que estamos viviendo, parecida a una rueda de hámster, no puede continuar. Tenemos un insistente sentimiento en la boca del estómago que nos ruega que estudiemos la situación, pero no le prestamos atención. Los ideales y las expectativas de los demás eclipsan por completo nuestras prioridades, y es aterrador pensar que seguimos adelante hasta que nuestra salud y otras circunstancias nos obligan a parar.

Tampoco es que estemos insatisfechas con todos los aspectos de nuestra vida. Es posible sentirse a la vez agradecida e insatisfecha, motivada y asustada, agotada y optimista. Las personas no estamos en cajas con etiquetas, sino que somos criaturas complejas y contradictorias por naturaleza.

El cambio es duro. Es desconcertante. Es doloroso.

Pero cuando nuestros malos hábitos se prolongan, el cambio se convierte en algo inevitable. O tomamos las riendas de forma proactiva o esperamos hasta que llegue el día en el que nos veamos obligadas a hacerlo.

Espada. Pared.

Como especie, no nos ayuda que los humanos no seamos muy aficionados a los cambios. Sí, es una evolución natural de la vida, y en el plano físico, nuestros cuerpos están constantemente renovándose y cambiando a medida que nos hacemos mayores. Pero mentalmente, nos sentimos cómodos con la rutina. El cambio a menudo significa que algo está llegando a su fin. Y deberíamos darnos espacio para lamentarnos por ese final, sin importar lo que se haya acabado.

Entendemos que las cosas cambian, y que tienen que cambiar. Pero ¿qué hay de favorecer activamente el proceso de cambio? No, gracias, preferimos evitarlo. El cambio trae consigo el miedo a lo desconocido, el miedo a fracasar, el cuestionarse a una misma, la resistencia hacia los demás, el renovar esfuerzos, la necesidad de desafiar percepciones existentes y examinar nuestro bagaje emocional. Está claro que preferimos quedarnos en nuestra zona de confort, donde nos sentimos a salvo, con control y a gusto.

Además, ¿cuántas veces hemos escuchado la expresión «¡sí que ha cambiado!» rumoreada como si fuera algo negativo? No nos sentimos cómodas cuando hemos activado el cambio y seguro que tampoco nos sentimos cómodas cuando cambian quienes nos rodean.

Aparte tenemos los catalizadores del cambio, que normalmente nos indican que ya no estamos operando desde el mejor sitio. Las circunstancias que instigan o exigen un cambio pueden ser dolorosas en sí mismas. Y, aunque una crisis normalmente genera avances, todos los puntos de partida suelen ser terribles.

El *self-care* nos impulsa a conectar primero con nosotras mismas, para que hagamos cambios, para que cuestionemos y revisemos a diario aspectos de nuestra vida. Nos exige que nos pongamos en guardia y seamos conscientes de todo lo que hacemos. Que confiemos en nosotras mismas. Que nos demos permiso para dárnoslo

«El cambio es duro. Es desconcertante. Es doloroso.»

todo, para ser felices. Que nos planteemos el «porqué» que hay detrás de nuestras acciones. Que comprendamos que somos lo suficientemente válidas, con todas nuestras magníficas particularidades. Que observemos cómo nos sentimos y busquemos patrones en lo bueno y en lo malo. Que hagamos cambios por el camino, mucho antes de llegar a una crisis. Que afrontemos los problemas sin rodeos y busquemos soluciones de inmediato. Hay miles de razones por las que nos resistimos al cambio, y a la vez una razón de peso para aceptarlo: la promesa de vivir mejor. El atractivo de tener una buena salud, vitalidad y felicidad. Estas son las cosas que ponemos en riesgo cuando nos negamos la oportunidad de cambiar las cosas.

Para que el *self-care* sea efectivo, para que sea tan transformador como puede llegar a ser, tenemos que mirarnos fijamente al espejo durante un buen rato y sentirnos realmente cómodas con quienes somos, con verrugas y todo. Este periodo de descubrimiento no solo será una tarea más que añadir a nuestras frenéticas vidas. Es, además, un proceso continuo que no siempre será agradable. No me extraña que lo evitemos como si fuera la peste.

Nuestra individualidad es lo que todas tenemos en común. Herencia, genética, experiencias y personalidad implican que todas somos únicas. Y, sin embargo, nos parece difícil aceptar nuestra «nuestredad», arriesgando quienes somos para encajar con los ideales y expectativas de los demás.

Parecido a los términos «autocuidado» y «mindfulness», el término «auténtico» es otra joya que se ha utilizado con tanta frecuencia que parece que ya no tenga ninguna importancia. La autenticidad no viene de nuestro estatus social, de nuestros galardones y logros, sino de aceptar nuestra originalidad, de ser genuinas y vivir con un propósito. No viene de doblegarse y serpentear para «encajar», sino de comprender quiénes somos, cuál es nuestra esencia como seres humanos. Cuando ponemos en peligro nuestro sentido de identidad (y todas sabemos cuándo lo hacemos, ya que nos pone de mal humor), esto erosiona nuestra autoestima y autoconfianza.

Tenemos que «saber» quiénes somos realmente para poder ser «auténticas» en la manera de interactuar con los demás, de responsabilizarnos, de tomar decisiones y cumplir con nuestro código de conducta, de darnos permiso para ser quienes somos realmente. Esto nos permite acortar distancias entre quiénes somos por dentro y lo que presentamos ante el mundo. No podemos responder preguntas, ni siquiera preguntas sencillas como «¿qué te gustaría beber?», de una forma efectiva y verdadera, a menos que nos conozcamos lo suficientemente bien como para responder con sinceridad. Y es crucial que demos un paso adelante y seamos lo suficientemente valientes como para responder las preguntas con sinceridad. Piénsalo bien: ¿realmente queremos un té «de lo que sea»? Dejar que otros descifren nuestras ambiguas respuestas significa que podemos acabar literalmente con cualquier cosa entre manos. Acabamos de donar nuestro poder y nos hemos quedado a merced de la persona que lo ha recibido, sin saber adónde nos llevará esto.

Tenemos que tomarnos el tiempo necesario para examinar quiénes somos hasta el último detalle:

¿Qué nos molesta?
¿Cuáles son nuestros puntos fuertes y nuestras debilidades?
¿De qué tenemos miedo?
¿Qué sueños tenemos?
¿Dónde están nuestras fronteras, nuestros límites?
¿En qué punto nos situamos moralmente en ciertos temas?
¿Cuál es nuestro código de conducta?
¿Qué nos reprime?
¿Qué nos motiva?
¿Qué nos agota?

Se necesita valor para ahondar en esto, pues no siempre nos gustará lo que encontremos. Y no pasa nada, porque aprenderemos más sobre nuestras debilidades (las partes no tan agradables), pero también descubriremos más cosas sobre nuestros puntos fuertes.

La satisfacción no se obtiene paseándonos por la vida, reaccionando a factores externos, sintiéndonos atrapadas y quedándonos atascadas en la rutina con hábitos que ya no nos sirven.

Vivimos en un mundo en el que nos regimos por fechas límite impuestas por los demás; con abundantes interacciones sociales, pero no necesariamente relevantes; tenemos una lista de tareas interminable que parece crecer más rápido de lo que nos da tiempo a tachar, y queremos ser fantásticas en todo ya, sin dejar lugar al error o al progreso. Nos hemos convertido en prolíficas expertas en hacer muchas cosas a la vez, corriendo de un trabajo al otro sin pausas para respirar. Y también somos competitivas, a causa de las redes sociales. Nuestros días están llenos a petar porque es la única manera en la que creemos que podemos mantenernos a flote de toda la presión.

Perseguimos el equilibrio, pero normalmente no lo encontramos porque no hay ningún «equilibrio» que encontrar, ningún término medio. Tendemos a poner en peligro a nuestro ser en una extravagante cruzada para alcanzar algo que no existe. La vida no nos permite tenerlo todo perfectamente organizado. Cuando ponemos nuestra atención en algo, implica que normalmente sacrificamos otra cosa. Por desgracia, muchas veces, este sacrificio somos nosotras mismas. Y ni nos damos cuenta de que lo estamos haciendo.

El autocuidado, aunque de entrada parezca algo reconfortante, no es para nada así. Es una potente herramienta. Cuando nos lo tomamos en serio, aunque nos tambaleemos en el intento, nos aporta mucho. Respalda todo lo que hacemos, nos ayuda a ser la mejor versión de nosotras mismas, nos procura una buena salud mental y física, reduce el riesgo de agotamiento, nos ayuda a rendir mejor en todos los ámbitos de nuestra vida, a amar plenamente, a mantenernos fuertes, a tener energía, claridad y concentración.

Un enfoque a corto y largo plazo te permite ser la capitana de tu propio barco.

Las señales de alerta del self-care que tan a menudo ignoramos

Todas somos pruebas vivientes de que los milagros sí existen. Las posibilidades de que nos concibieran eran asombrosamente bajas. Esto, ya de por sí, es bastante alucinante, ¿no te parece? Date un momento para asimilarlo: eres un milagro. Sí, TÚ. Puede que no te sientas como un milagro, pero los estudios científicos afirman que las probabilidades de que estés aquí son totalmente milagrosas.

Desde el primer momento en que te convertiste en un «ser», todas y cada una de las células que te conforman lo han dado todo con poquísima contribución o esfuerzo por tu parte. Estas humildes células se han protegido, renovado, restaurado, regenerado, limpiado, desplazado y eliminado, y te han mantenido con vida. Te cuidan cada milisegundo de cada día, sin descanso, pero no las valoramos todo lo que podríamos.

Somos máquinas complicadas, muy refinadas, y cuando hablamos del autocuidado, ayuda pensar que somos solo esto: máquinas. No hablo en un sentido robótico, como si estuviéramos en una película de Arnold Schwarzenegger, sino en el sentido de que nuestros órganos tienen funciones mecánicas que necesitan mantenimiento y que nos hacen saber, aunque a veces de forma sutil, cuando hay algo que no está rindiendo como debería. Para funcionar a un nivel óptimo, también tenemos que plantearnos nuestra aportación, lo que pedimos a esas partes en acción y el modo en que tal vez las subestimamos.

El *self-care* se utiliza a menudo como una medida de emergencia para restaurar el daño cometido, ya sea mental o físico, o ambos a la vez. Esperamos hasta enfermar antes de tomárnoslo en serio y utilizamos el autocuidado como una medida de rehabilitación, para después, cuando ya volvamos a estar vivitas y coleando, abandonar esos hábitos restitutivos. No nos planteamos la opción de que el *self-care* también pueda utilizarse como medida preventiva para aliviar cualquier presión que puede que sintamos de forma constante. Adoptamos la lógica irracional, sacada de una ilusión, de que estas preocupaciones, estos dolores, este sufrimiento y esta ansiedad desaparecerán por sí mismos. Los negamos y restamos importancia a su existencia, subestimamos su seriedad, los ignoramos porque no queremos hacer un drama o molestar a los demás, y sentimos que tenemos que ser capaces de lidiar con lo que sea que la vida nos depare. Realmente no los escuchamos, ni los admitimos; estamos demasiado ocupadas para eso, ¡muchas gracias!

Nos haríamos la vida mucho más fácil si escucháramos a nuestro sistema de comunicación interna: es inteligente, conoce nuestro cuerpo mejor que nosotras y actúa según las necesidades, de modo que solo te da un codazo para que cuides mejor de tu cuerpo cuando realmente lo necesitas. Seguro que tú también has sentido o notado tu sistema de comunicación interna: manos sudorosas cuando estás nerviosa, punzadas de hambre, sed o fiebre.

Es verdad que el mundo exterior es ensordecedor y que desconectar de ese ruido para poder escuchar las señales que nuestros cuerpos intentan emitir para llamar nuestra atención es una habilidad que tenemos que dominar. Cuando finalmente escuchamos esas pistas tan sutiles y prestamos atención a su mensaje, podemos actuar rápidamente y a menudo minimizar, si no erradicar, cualquier daño que se nos haya o nos hayamos infligido.

Esas «pistas» son señales de alerta que nos piden que paremos, que bajemos el ritmo, que escuchemos y que, en consonancia, cambiemos nuestro enfoque en la forma de cuidarnos. Generalmente ignoramos estas señales sutiles, lo cual nos aleja cada vez más de nosotras mismas. Tenemos miedo de parar porque nos las vemos y deseamos para manejar toda nuestra carga de trabajo, incluso cuando rendimos a nuestra máxima capacidad. Nuestras vidas están tan llenas que, por lo general, no advertimos esas señales hasta que son extremadamente obvias y no tenemos más opción que parar y escuchar. Si pones algo bajo un estrés prolongado, se romperá. Nuestras mentes y cuerpos no son ninguna excepción.

SOMOS INCAPACES DE DESCONECTAR

Cuando nuestro cerebro no puede parar de planificar, tramar, preocuparse y resolver problemas, suele ser una señal de que nos estamos excediendo y de que no estamos descansando lo suficiente. Nuestro cerebro necesita espacio para digerir el día y después resolver ingeniosamente los acontecimientos y archivarlos para utilizarlos más adelante. Cuando no le damos al cerebro la oportunidad de descansar, no acaba nunca de ponerse al día y nos sentimos «conectadas», como si tuviéramos demasiadas ventanas abiertas. Puede que experimentemos agitación cuando estamos despiertas y a su vez tengamos un sueño irregular y nunca nos sintamos descansadas al despertarnos. Con el bombardeo tecnológico y de información, estamos digiriendo más datos que nunca, poniendo nuestros cerebros y nuestra salud bajo presión. Esto podemos contrarrestarlo si nos tomamos una hora entera para comer (a poder ser lejos del escritorio), incorporamos pausas regulares en nuestro día, desconectamos de la tecnología, utilizamos todas nuestras vacaciones pagadas, priorizamos nuestro tiempo de ocio, dormimos lo suficiente y silenciamos las notificaciones de nuestros móviles: todo esto nos ayuda a bajar el ritmo.

«Nuestro cerebro necesita espacio para digerir el día.»

ESTAMOS ABRUMADAS

Cuando tienes la sensación de que el mundo es intimidantemente estruendoso y parece que se cierne sobre ti, cuando sientes que todo es un pelín demasiado para poder con ello, que, haciendo malabarismos, se te caen pelotas a diestro y siniestro, o empiezas a fantasear con escaparte o evadirte de tu vida, ese es el momento en el que tienes que reorganizarte, priorizar, descansar, pedir ayuda, decir «no», delegar y parar. Son señales clásicas de que estás bajo un nivel de estrés considerable, que la vida se ha puesto un poco patas arriba y necesitas algunos cambios.

SOMOS QUISQUILLOSAS

A todas nos ha pasado, nos hemos visto en ese punto en el que todo nos parece irritante y frustrante. Perdemos la paciencia con los demás, nos sentimos ofendidas por nimiedades, perdemos nuestro sentido del humor y nos parece que todo se nos pone en contra. La vida nos lanza limones y nosotros nos sentimos torpes para exprimirlos. Empezamos a sentir como si el mundo fuera contra nosotras y esto nos ofende. Nuestra naturaleza quisquillosa hace que nadie se nos acerque lo suficiente como para consolarnos o reconfortarnos, lo cual nos aísla. Las peleas y las discusiones insignificantes son frecuentes durante esta época en la que nos sentimos quisquillosas, lo cual añade irritación y frustración. Sabemos que no estamos haciendo lo que deberíamos, y no estamos orgullosas de ello. Los árboles nos lo ponen difícil para ver el bosque porque todo lo que tenemos delante es un problema tras otro, un desafío tras otro, y estamos cansadas hasta la médula. Nadie está totalmente aislado en su propia isla, y hay veces en las que necesitamos un respiro, ayuda y apoyo. Permite que los demás se acerquen lo suficiente para ofrecerte estas cosas, y recuerda que puedes salir de esta, y saldrás.

DOLORES Y MOLESTIAS, BULTOS E HINCHAZONES

Es posible que las señales de alerta que más fuerte suenan sean las que más ignoremos. No es normal que tengas dolores, a no ser que haya una explicación como que has ido al gimnasio y le has dado mucha caña al cuerpo, que has tratado de hacer una media maratón o que te has ido a los Pirineos a coronar picos. E incluso en estas situaciones, el dolor será relativo. No es normal tener bultos e hinchazones en sitios en los que no tenías nada antes. Hay señales físicas de alarma que suenan más fuerte que una sirena, y que precisan atención médica. Y en breve. Antes de ya.

CANCELACIÓN DE PLANES

No estamos hablando de la cancelación de planes que tiene sentido anular (aquellos a los que no nos queríamos comprometer desde el principio o aquellos que al final no nos han convencido). Nos referimos a cancelar planes que nos encantarían o planes que parece que juguemos a esquivar a toda costa, como esas citas médicas tan importantes que se convierten en algo problemático. Suponen un problema porque son una señal de que nos estamos situando en lo más hondo de una montaña de escombros y estamos eligiendo reaccionar ante las exigencias ajenas. Es importante darnos tiempo para nosotras, ya que esto nos aporta beneficios. Un truco de gran ayuda es hacer una lista de cosas «innegociables», aquello que es de extrema importancia para el autocuidado, y pedir ayuda a los demás para mantenerte firme y cumplirlas.

SOLEDAD

Según la pirámide de necesidades de Maslow, el «sentimiento de pertenencia» es una de nuestras cinco necesidades básicas: estamos programadas para ser sociales; necesitamos relaciones íntimas y sentir que pertenecemos a un grupo y que nos aceptan. En ausencia de amor y conexión, somos propensos a la soledad.

Es la ironía de los tiempos en los que vivimos, en los que con todos los dispositivos que tenemos a nuestra disposición, estamos más solas que nunca. Estamos hiperconectadas, pero esas conexiones pueden ser superficiales y no siempre cumplen nuestras necesidades básicas.

La soledad afecta a la misma parte del cerebro que el dolor físico y tiene notables consecuencias en la salud: aumenta la respuesta corporal al estrés, inhibe el sistema inmunológico, afecta el flujo de sangre hacia los órganos, aumenta el riesgo de morbilidad y aumenta la presión arterial.

Para que las relaciones prosperen, necesitamos priorizar tiempo para mantenerlas y fomentarlas. Si experimentamos soledad, tenemos que comprometernos a dedicar más tiempo a las relaciones, porque, de lo contrario, estamos poniendo en peligro nuestra salud.

COMPORTAMIENTO IRRACIONAL

Para mantenernos conscientes de nuestras decisiones y acciones necesitamos concentración y energía. Pero cuando nuestro cerebro ya no puede más, eso significa que el autocontrol y la autodisciplina, que normalmente dominamos, han devorado nuestro suministro limitado. Todas pasamos por momentos en los que nos abocamos a un comportamiento impulsivo, asumimos más riesgos, actuamos de una forma impropia y hacemos cosas que no parecen tener ningún sentido, ni para nosotras ni para quienes nos rodean. Esto suele ser un signo de agotamiento. Estamos exhaustas. Ha llegado el momento de dar un paso atrás y procurarnos un descanso.

Quiero hacer, ser, tener y sentir:

- ○
- ○
- ○
- ○
- ○
- ○
- ○
- ○
- ○
- ○
- ○
- ○

- ○
- ○
- ○
- ○
- ○
- ○
- ○
- ○
- ○
- ○
- ○
- ○

Haz una lista de reproducción de canciones que
te inspiran, te animan y te hacen sonreír:

1
2
3
4
5
6
7
8
9
10

Apunta aquí tu cita/mantra favorito

y aquí las cosas que te relajan, te reconfortan y te calman:

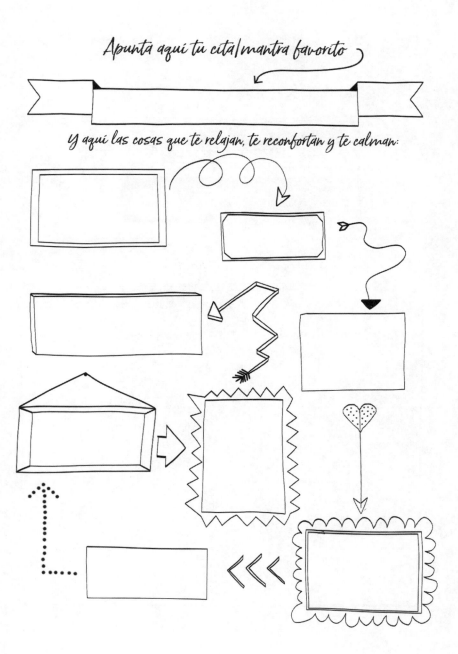

4. Lo que se interpone en nuestro camino

«Los obstáculos para el self-care nos llegan de todas partes; la vida es como un circuito de obstáculos por el barro a tiempo real y sin pausas.»

Una cosa es entender que el autocuidado tiene sentido y otra sentir que es algo alcanzable. A menudo puede darnos la sensación de estar en un juego de Mario Kart en la vida real, con obstáculos que aparecen como setas. La forma de ver esos obstáculos influirá en la decisión de hacer o no los cambios que hemos identificado que nos gustaría hacer.

Puede que creamos que esos obstáculos son cortes de carretera que nos descarrilan por completo, que superarlos es imposible, que hacerlo está fuera de nuestro alcance. O puede que los veamos como desafíos e indaguemos dentro de nuestro ser para encontrar una solución que nos ayude a superarlos, con la convicción de que podemos hacerlo.

Nuestro enfoque depende de nuestra mentalidad, y nuestra mentalidad es una bestia poderosa que dicta cómo nos vemos a nosotras mismas y cómo vemos el mundo que nos rodea, y da forma a nuestros comportamientos y actitudes.

Según Carol Dweck, una reputada psicóloga de la Universidad de Stanford, hay dos tipos de mentalidades: la mentalidad de crecimiento y la mentalidad fija.

«Tus errores son un aprendizaje; analizas el error y aprendes de él.»

«Lo hacemos lo mejor que podemos con lo que sabemos.» Una mentalidad fija conlleva rigidez de pensamiento. Creer, de un modo u otro, que puedes o no puedes lograr algo y que no hay margen de cambio. Puedes sentirte avergonzada de tus errores, tener miedo al fracaso o a los desafíos, y creer que cualquier habilidad que tengas te vino de nacimiento. Los pensamientos negativos son crueles y están centrados en los defectos que crees tener. Esta mentalidad hace que te sientas inepta, a merced del mundo que te rodea, y a menudo un poco «encallada».

La mentalidad de crecimiento implica que crees ser un proyecto en constante desarrollo y que te encanta aprender cosas nuevas. Tus errores son un aprendizaje; analizas el error y aprendes de él. Eres consciente de tus puntos fuertes y de tus debilidades, pero esto no te limita, porque entiendes que puedes potenciar tus puntos fuertes y mejorar tus puntos débiles. Trabajas duro para ser quien quieres ser y para alcanzar tus objetivos. Eres resistente, tenaz, y no te asustan los desafíos; ya te esperas que se presentarán en la vida y das la bienvenida al aprendizaje que te aportan esos desafíos.

Estas mentalidades son intercambiables: puedes trabajar para cambiar desde una actitud a la otra.

Ambas mentalidades afrontarán las batallitas del *self-care* de maneras distintas. Una persona con una mentalidad de crecimiento puede que disfrute de la oportunidad de aprender algo nuevo; es muy probable que se sienta motivada a modificar su vida para asegurarse de que tiene tiempo para el autocuidado y no se lo pensará dos veces a la hora de abandonar cualquier hábito que no le sirva. Una persona con una mentalidad fija declarará que no tiene tiempo para el *self-care* ni las habilidades necesarias para dominarlo.

Es fácil leer esto y emitir juicios. La mentalidad de crecimiento tiene un factor atractivo; suena más divertida, te hace sentir más poderosa y más libre. Incluso *sexy*. Y, sin embargo, somos muchas las que no vivimos con esta mentalidad. Al contrario, tenemos una mentalidad fija, y la propia naturaleza de esta mentalidad implica que estamos perplejas, sin saber qué hacer y cómo hacerlo. La confianza en nosotras mismas ha salido por patas y nos sentimos un poco hechas polvo con el agotamiento general. Salir al ruedo sin ninguna garantía en cuanto al resultado hace que nos sintamos superadas.

El agotamiento que sentimos se debe en gran parte al bagaje emocional con el que cargamos. Nos asfixia con su peso y altera nuestra percepción. El bagaje emocional no es algo con lo que nacemos. Es evidente que puede que nazcamos en unas circunstancias que no favorezcan nuestra inteligencia emocional, pero cuando somos bebés recién nacidos, aún no tenemos la capacidad de almacenar recuerdos conscientes.

La vida pasa.

No hay ningún guion para la vida, ningún manual que nos oriente en el camino. Vamos en paralelo a los demás, aventurándonos hacia lo desconocido. Es en gran parte un proceso de prueba y error, en el que vamos creando nuestra historia conforme avanzamos. Está lleno de experiencias; algunas buenas, otras malas y otras absolutamente horribles. Lo hacemos lo mejor que podemos con lo que sabemos, influidas por quienes nos cuidaron, por nuestros profesores y por nuestros compañeros. Es un revoltijo, un *collage*, y si tengo que ser sincera, no siempre tiene sentido.

Todas tenemos la esperanza de que a lo largo de la vida nos apoyen emocionalmente para que podamos lidiar con las experiencias dolorosas conforme lleguen: momentos traumáticos, interacciones dañinas, errores que cometamos, gente que nos malinterprete, gente a la que malinterpretemos, rechazo y angustia. Pero eso no siempre sucede. Cuando no recibimos apoyo emocional, cuando no nos han enseñado las herramientas emocionales, esas experiencias dolorosas son difíciles de gestionar, así que nos moldean y afectan nuestro comportamiento en el día a día.

Nuestro bagaje emocional es una culminación de todas esas experiencias negativas. Nos pesan mucho, claro está. Todas tenemos algún tipo de bagaje, residuos de nuestras experiencias pasadas. Sin embargo, el problema con el bagaje (tanto si se trata de una riñonera como de una maleta gigante) es que lo afecta todo: las relaciones que tenemos con los demás, las relaciones que tenemos con nosotras mismas, cómo nos vemos, cómo vemos a los demás, nuestros pensamientos, nuestras decisiones, nuestras acciones.

Cuando cargamos con algo durante demasiado tiempo, nos pasa factura en nuestro bienestar físico y mental. Con el tiempo se vuelve más pesado. Puede que el bagaje se nos manifieste en nuestra vida actual de distintas maneras: baja autoestima, inseguridades, autosabotaje, desconfianza de los demás, problemas de compromiso, evitación, ansiedad, sensación de ser una impostora, agotamiento, miedo, vergüenza, indignación, resentimiento, pensamientos negativos o envidia.

El bagaje emocional es, bastante literalmente, la sensación de estar cargando con el mundo a tus hombros.

Lidiar con el bagaje nunca será una tarea rápida ni fácil. Abrir esa «caja de Pandora» y lidiar con los complicados y desagradables efectos colaterales puede ser absolutamente aterrador. Pero solo examinándolo todo a conciencia y poniendo fin a esas experiencias somos capaces de seguir adelante.

Nuestro bagaje emocional no es lo único que nos puede reprimir, ni la única espinita que tenemos clavada. Puede que a veces nos encontremos en medio de algunos pollos emocionales contraproducentes. Cuando nuestras acciones no están alineadas con el resultado que deseamos de una situación, con un resultado que esté dentro de nuestras habilidades y de nuestro control, lo más probable es que se ponga en acción el autosabotaje: las situaciones en las que nos ponemos las cosas difíciles. Nos estorbamos a nosotras mismas.

No solo nos ponemos las cosas difíciles a nosotras mismas, sino que los demás también nos las dificultan. Los obstáculos para el *self-care* nos llegan de todas partes; la vida es como un circuito de obstáculos por el barro a tiempo real y sin pausas. Es navegable siempre y cuando sepamos para qué nos tenemos que preparar.

«El autocuidado es una oportunidad para repostar y así poder ofrecer más al mundo que nos rodea.»

CULPA

No hay una sensación más parecida a la de hundirnos en arenas movedizas que la que sentimos cuando nos enterramos bajo la culpa, con capas de culpa por encima, más capas de culpa por encima, aún más capas de culpa por encima, y con una gran cucharada de culpa por encima por si acaso.

La culpa es el mayor obstáculo al que nos enfrentamos a la hora de cuidarnos, y es el motivo por el que nos resulta tan difícil priorizar nuestras necesidades. Nos sentimos culpables por todo: por lo que hacemos, por lo que no hacemos, por quiénes somos y por quiénes no somos. Nos sentimos culpables por sentirnos culpables. La culpa lo abarca todo y nos mantiene en un limbo.

Si nos sentimos culpables, suele ser porque estamos viviendo según la «Ley del Debería». La Ley del Debería la ha dictado la sociedad, básicamente todo el mundo menos nosotras. Y su legislación está llena de expectativas acerca de cómo «deberíamos» dirigir nuestras vidas: cómo «deberíamos» educar a nuestros hijos, lo limpias que «deberían» estar nuestras casas, cuánto ejercicio «deberíamos» hacer, la comida que «deberíamos» comer, las titulaciones a las que «deberíamos» aspirar, los sitios en los que «deberíamos» vivir, las horas que «deberíamos» trabajar, el aspecto físico que «deberíamos» tener y cómo «deberíamos» sentirnos.

La Ley del Debería no espera nada menos que la perfección, y todas sabemos que tal cosa no existe. Eso significa que al vivir acorde con esta ley, nos estamos intentando morder la cola, viviendo según una colección ridícula de normas que han impuesto otros. No deja margen para nada más aparte del autojuicio, la autocrítica y la culpa. Debilita nuestra autoridad para tomar decisiones y nos provoca una enorme cantidad de culpa.

No podemos serlo todo para todo el mundo. No es posible. Especialmente cuando no dejamos espacio para el autocuidado. El *self-care* no es un placer por el que deberíamos sentirnos culpables; no es ni indulgente ni egoísta. La culpa nos dice que estamos haciendo algo mal al priorizar nuestras necesidades. Pero el *self-care* es una oportunidad para repostar y así poder ofrecer más al mundo que nos rodea. Demos buen ejemplo a quienes nos rodean, dándoles permiso para hacer lo mismo. No hay nada de elogiable en tener que arrastrarnos cada día, en estar tan exhaustas que no nos quede nada que ofrecer. De hecho, es algo bastante doloroso. Ojalá no acabemos nunca así.

NO PEDIR AYUDA

De bebés, no dudamos ni un segundo en pedir ayuda. Lloramos bien fuerte hasta que conseguimos la ayuda que queremos. Es un mecanismo de supervivencia primitivo, instintivo e inherente, y funciona. Cuando nos hacemos mayores, la cosa ya no está tan clara. Hay una línea muy fina entre tener cada vez más independencia y saber cuándo pedir ayuda. Nos juzgamos por pedir ayuda: nos parece que es un defecto de nuestro carácter, una muestra de nuestras debilidades.

Nos preocupa ser una carga, nos preocupa que a la otra persona le traiga sin cuidado ayudarnos, nos sentimos como si no nos mereciéramos esa ayuda, como si no nos la hubiéramos ganado, como si fuera un bien escaso. Cuando nos ofrecen ayuda, dudamos de la sinceridad, y lo tratamos como un gesto simbólico.

Pero no estamos diseñadas para ser una especie autosuficiente; prosperamos al crear conexiones significativas con los demás y trabajamos bien en equipo. La manera más rápida de fortalecer y profundizar en nuestras relaciones es compartir nuestras experiencias, todas sin excepción. No solo nuestros mejores momentos, en los que brillamos, sino también aquellos no tan agradables, que requieren que nos traguemos nuestro orgullo, nuestra vergüenza, humildad y vulnerabilidad.

Lo raro es que nos encanta ayudar a los demás. No podemos soportar la idea de que alguien esté sufriendo solo, de que esté demasiado asustado para venir a pedirnos ayuda.

Las normas cambian dependiendo de nuestra postura, de si somos la persona necesitada o la que ofrece ayuda.

De vez en cuando necesitamos ayuda. Es una realidad: solo sabemos lo que sabemos y habrá momentos en los que necesitaremos un poco de ayuda

para rellenar las lagunas de nuestro conocimiento o para caminar con nosotras
en los días más oscuros. Cuando alguien
recurre a nuestro apoyo, nos ofrece la

«*Pedir ayuda no tiene que ser motivo de vergüenza.*»

oportunidad de marcar la diferencia, de usar nuestra mirada retrospectiva a
favor de su visión prospectiva, la oportunidad de demostrar que nos importa. No es un intercambio unilateral: ambas partes salen beneficiadas.

En algunos momentos necesitaremos pedir refuerzos, en forma de
ayuda profesional, para que nos ayuden a navegar a través de los dolorosos
recuerdos, pensamientos y sentimientos de una forma segura. Por eso
existen estos servicios: para usarlos.

Pedir ayuda no tiene que ser motivo de vergüenza. Hacerlo más pronto que tarde evita que el problema se agrave y se convierta en algo más
grande. Tú ayudarías a otras personas si te lo pidieran; pues que no te dé
miedo pedir ayuda.

NO ECHARNOS UNA MANO

Tratamos a los demás con mucho más respeto y amabilidad que a nosotras
mismas. Con mucho más. No conseguiríamos nada si tratáramos a los
demás de la misma manera mezquina y humillante con la que nos tratamos
a nosotras mismas.

Todas tenemos comentarios constantes rondándonos por la cabeza;
mantenemos una conversación mental con nosotras mismas, incesante y
autoritaria por naturaleza.

El tono de este cotorreo es relevante. Es importante. La manera en la
que nos hablamos a nosotras mismas afecta a la visión que tenemos de
nuestras habilidades. Al ponernos bajo un severo juicio constante, las
veinticuatro horas del día, los siete días de la semana, y menospreciarnos,
nos creamos una visión muy desalentadora de quiénes somos.

Gradualmente vamos poniendo a los demás en un pedestal y, básicamente, nunca estamos a la altura. No es una comparación justa: llevamos

puestas unas gafas empañadas y tintadas de gris cuando miramos hacia adentro y nos las cambiamos por unas brillantes con los cristales rosas cuando observamos los atributos de los demás. Las mejores intenciones con respecto al autocuidado nunca se materializan porque nos amoldamos excesivamente a las necesidades y a los deseos de los demás, ya que creemos que son mejores que nosotras, más valiosos. Atribuimos a la suerte los logros que hemos alcanzado con sudor, empezamos a sentir que tenemos muchas carencias, que no somos lo suficientemente buenas. Y antes de que nos demos cuenta, nos hemos convertido en nuestras peores enemigas.

Hay una enorme diferencia entre ser conscientes de por qué hemos cometido un error, aprender de él y escoger un enfoque distinto la próxima vez, y usar nuestros errores como un palo con el que fustigarnos. En pequeñas dosis, la autocrítica no es mala (puede motivarnos a alcanzar cualquier objetivo y sueño que podamos tener), pero si le dices a cualquier persona algo de forma repetida, se lo empezará a creer. Los pensamientos negativos incesantes nos perjudican.

Nada florecerá en un entorno tan lóbrego y destructivo.

EVITAR LAS DECISIONES

Vivimos en un mundo lleno de decisiones. Hay una infinidad de opciones que requieren un análisis mental antes de llegar a una decisión. Incluso las decisiones triviales siguen este proceso. Ante tantas decisiones que tomar, ¿te sorprende que se convierta en algo tedioso? Todo lo que hacemos requiere algún tipo de decisión y nos encontramos tomando decisión tras decisión.

La fatiga provocada por las decisiones no es fruto de tu imaginación: ¡es algo demostrado científicamente! Cuando atravesamos un largo periodo de toma de decisiones, disminuye nuestra habilidad de tomar buenas decisiones. Nuestras funciones cognitivas ya están hartas; nuestra energía mental está agotada. Llegados a este punto, tomamos decisiones apresuradamente o las evitamos por completo.

Es más probable que pospongamos decisiones cuando de entrada estamos hartas de tomar decisiones. Por su volumen, por la responsabilidad que conllevan, por la falta de espacio mental, por el miedo al resultado, por el miedo a cometer errores, por ser una decisión intimidante con grandes consecuencias, o porque el tema es una fuente de preocupaciones. También es posible que simplemente queramos delegar en otra persona nuestras decisiones. Estamos fuera de combate en el *ring* de las decisiones.

Sin embargo, hay algunas decisiones que no pueden esperar, que no las pueden tomar otras personas y que requieren nuestra atención más pronto que tarde. Pero cuando esto sucede en un momento en que nuestra confianza en nosotras mismas está por los suelos... es duro.

Nuestra capacidad mental se parece mucho al depósito de gasolina de un coche: cuanto más lo uses, cuantos más esfuerzos le hagas hacer, más se agota. Si conduces un coche sin parar a repostar, llegará un momento en el que chisporroteará y se detendrá, y sufrirá daños internos. Pues lo mismo pasa con las personas: si gastamos todos nuestros recursos y seguimos presionando, nos ocurrirá lo mismo.

Las decisiones relevantes no se pueden evitar, pero podemos ganar un poco de tiempo para rellenar nuestro depósito de gasolina mental.

FALTA DE AUTOCONOCIMIENTO

Gran parte de nuestros actos los hacemos o bien en piloto automático, o bien vienen influenciados por los demás. No siempre prestamos atención a cómo nos sentimos frente a relaciones, límites, decisiones y circunstancias. No siempre nos fijamos en si realmente nos sirven de la manera que nos merecemos. Y todas nos merecemos sentirnos satisfechas, felices y sanas.

El *self-care* y el autoconocimiento están interconectados. El autoconocimiento consiste en ser consciente de una misma, lo cual es un superpoder infravalorado. Conocer el núcleo de nuestro verdadero yo nos ayuda a atar cabos, a pasar menos

«No somos la suma de nuestra utilidad para los demás.»

tiempo titubeando con decisiones triviales y a priorizar. Nos ofrece un punto de vista único de nuestro mundo y de todo lo que contiene. Hace que descubramos elementos de nosotras que no habíamos percibido antes, así como patrones de conducta. Cuando tenemos una compresión de quiénes somos de 360 grados, de lo que es importante para nosotras, de nuestros puntos fuertes y de nuestras debilidades, de lo que nos hace sentir bien y de lo que nos irrita, adquirimos conocimientos de lo que nos mueve y nos motiva.

El autoconocimiento también nos permite cambiar nuestra mentalidad porque nos damos cuenta de cómo nuestros pensamientos dirigen nuestras acciones. Se trata de entender el porqué de todo lo que haces y piensas. Esto también es una parte fundamental de nuestra inteligencia emocional, ya que nos brinda el vehículo con el que hacer crecer la seguridad en nosotras mismas y nos proporciona una oportunidad continua para conectar con nosotras y comprobar que estamos bien.

COMPLACER A LOS DEMÁS

No hay nada como complacer desmedidamente a la gente para quedarnos bien confundidas. En este aspecto, somos complacientes y tomamos en consideración los sentimientos y las necesidades de los demás: expresamos amabilidad, somos altruistas y estamos dispuestas a hacer cualquier cosa para mantener felices a los demás. Nos gusta sentirnos necesitadas, como si importáramos, así que ponemos a todo el mundo en primer lugar y nosotras acabamos reventadas. La gente que se ha acostumbrado a nuestra generosidad sigue pidiendo, porque ya les va bien que seamos tan útiles, que seamos un valor tan preciado en sus vidas. Damos, damos y damos hasta que ya no nos queda nada más que dar. Es agotador y estresante, y debilita nuestra capacidad de elección, nuestros límites y la seguridad en nosotras mismas.

Si hurgas un poco más hondo, verás que todo esto de complacer a los demás tiene un origen terrible. Viene de que no estamos cómodas en nuestra propia piel, de que la aprobación de los demás tiene más peso que la nuestra, de que nuestra felicidad depende de la felicidad de los demás, de que sentimos que no somos importantes sin su aprobación, de que siempre ponemos a los demás por delante de nosotras, pase lo que pase. Pues mira qué billete sin retorno hacia Villarresentimiento.

No somos la suma de nuestra utilidad para los demás. No, no, somos mucho más que eso, y las relaciones fuertes son aquellas que se han construido sobre cimientos más firmes que la utilidad que alguien ha percibido que le aportábamos. Tenemos el derecho de elegir si queremos llevar a cabo gestos de buena voluntad; son un regalo de una persona a otra cuando sentimos que la buena obra está bajo nuestro control y no hay ningún compromiso. La diferencia entre estos gestos y complacer a la gente es que cuando complacemos a los demás, decimos que «sí» a sus peticiones porque queremos tenerlos contentos; queremos prevenir su ira, su decepción y su rechazo, mantener el statu quo. Ese «sí» nos compromete al resentimiento, al agobio, a la culpa y a la presión. ¿A que no adivinas a quién dañan estas cosas? Sí, lo has acertado: a nosotras, a las complacientes.

COMPROMETERSE EN EXCESO

Hoy en día, el mundo es frenético y estruendoso. Hay demasiadas cosas en las que pensar. Demasiado ruido. Es difícil ahogarlo y sentir que lo tienes bajo control. Tenemos la información en la punta de los dedos a tiempo completo, pero esto a menudo significa que también estamos disponibles a todas horas en la punta de los dedos ajenos. Estamos localizables estemos donde estemos a través de muchos medios y esto es algo abrumador. Nos hemos comprometido a más de lo que podemos gestionar, hemos recortado tiempo de todas las cosas que disfrutamos, y nos las apañamos con las mínimas horas de sueño posibles. Empujamos nuestros límites y, ridículamente, seguimos sin sentir que hacemos lo suficiente o que tenemos suficiente tiempo.

Sabemos que nos hemos comprometido en exceso porque nos sentimos como marionetas controladas por hilos. Experimentamos un sentimiento abrumador de temor con tan solo pensar en echar un vistazo a nuestras agendas. Bloquear franjas horarias y marcarlas con códigos de colores no significa nada si cada día, de cada semana, de cada mes, de cada año, está a rebosar de actividades. Sentimos que el tiempo escasea, así que hacemos muchas cosas a la vez y no le damos a nada la atención y la concentración que se merece. Estamos estresadas y exhaustas, y nos pesan las extremidades por la fatiga.

Nos comprometemos en exceso porque estamos intentando embutir treinta y seis horas de compromisos en días de veinticuatro horas, cada día. Nuestras vidas son, simple y llanamente, un caos: con nuestras responsabilidades y con las pelotas con las que hacemos malabarismos ya basta para derrumbarnos. Y además de todo esto, tenemos la tendencia de luchar por la perfección en todos los aspectos de nuestras vidas y a veces nos sentimos como si tuviéramos que demostrar algo a los demás, y a nosotras mismas. Asimismo, nos parece difícil decir «no», delegar (¿a quién delegaríamos?). Nuestra red de apoyo es más bien escasa.

TENER HIJOS

La realidad de ser madre o padre es que se trata de una experiencia polarizada: es igual de divertida que de mundana, igual de gratificante que de dura, igual de alegre que de dolorosa. Los aprendizajes nos llegan a borbotones; estamos improvisando, navegando intuitivamente.

Antes de tener hijos, es probable que tuviéramos una imagen perfecta y harmoniosa en nuestra imaginación acerca del tipo de progenitores que seríamos. Esa imagen perfecta de serenidad no se corresponde a la terriblemente empinada y exigente curva de aprendizaje que supone tener hijos. Se podría decir que es la mayor responsabilidad a la que nos enfrentamos y, sin embargo, nada puede prepararnos para ello.

Hay muchos aspectos con los que lidiar, y a menudo pasan todos al mismo tiempo: falta de sueño, negociaciones interminables, que te pongan a prueba la paciencia, el desarrollo de las épicas habilidades diplomáticas, el estrés, las tareas de la casa, la hipervigilancia, etcétera. Dios mío, la lista es realmente interminable.

Nos puede encantar ser madres, podemos querer a nuestros hijos incondicionalmente, y, aun así, nos puede parecer difícil. Es el hilo que nos conecta con todos los progenitores del mundo: estamos unidos en ese sentimiento de «follón general», pero no siempre hablamos de las cosas difíciles. Tenemos miedo a que nos juzguen, menosprecien y critiquen. Y esto no se limita al hecho de ser madres. En general, no hablamos con frecuencia de las cosas difíciles que experimentamos en la vida. Las cosas a las que todas nos enfrentamos: el rechazo, el dolor, la tristeza y las veces que tenemos la cabeza nublada por la confusión. Imagínate en qué medida nos sentiríamos menos solas si lo normal fuera compartir todo esto también.

De niñas somos la bomba en el autocuidado. No nos cortamos a la hora de expresar nuestras necesidades y nuestra voluntad, nuestros altibajos.

Cuando nos convertimos en madres, podemos aprender mucho acerca de cómo reaccionar ante esas pistas verbales y también ante lo que son sutiles pistas físicas. Protegemos las horas de sueño de nuestros hijos con uñas y dientes; jugamos durante mucho rato hasta que merman los niveles de energía, lo cual suele tranquilizarlos y disponerlos para una actividad menos agotadora cuando empieza a llegar la sensación de cansancio; nos preocupamos por lo que comen y beben; nos proponemos encontrar tiempo para jugar, y entendemos que cuando sus necesidades están satisfechas, están más calmados y felices. Nos rompemos el lomo para asegurarnos de que sus necesidades están satisfechas.

Seguro que, para nuestros hijos, estos mensajes contradictorios que les mandamos deben de ser un poco confusos. Por un lado, les enseñamos a prestar atención a sus necesidades y hacemos todo lo posible para ayudarles a hacerlo, pero, a la vez, les enseñamos que nuestras necesidades son negociables.

Ser madre no tiene por qué ser el fin del *self-care*; más bien al contrario, aumenta la necesidad de cuidar de una misma. Sí que altera nuestros compromisos y necesitamos algunos truquillos ingeniosos para encontrar tiempo para llegar a todo. En el rol de progenitora es más difícil conservar nuestro sentido de identidad, ya que nos tratan constantemente de «mamá de» alguien. Sin embargo, anteponer a tus hijos en todas y cada una de las situaciones no les enseña nada de límites, ni de respeto por sí mismos ni de respeto de las necesidades ajenas. No queremos que nuestros hijos modelen nuestros hábitos como padres y madres, ni que nos conviertan en progenitores que siempre se ponen los últimos de la lista, una y otra vez. Como madres, somos las líderes de nuestros hogares. Nuestros hijos aprenden de lo que decimos, pero también de lo que hacemos.

Tómate tu tiempo para escribir
todas las cosas negativas que te han dicho:

Ahora garabatea por encima: esto NO es verdad.
Prometido.

¿Qué bagaje arrastras?

¿Qué o quién no deja de ser
un obstáculo en tu camino?

5. Cómo descubrir quiénes somos y qué queremos

«No necesitamos que nos arreglen: necesitamos liberarnos, quitarnos capas y desplegar las alas.»

La relación que tenemos con nosotras mismas es la más importante de todas nuestras relaciones, es el eje. Moldea el mundo que nos rodea, dicta el tono de las relaciones que tenemos con los demás e influye en todas nuestras decisiones. Es la base sobre la que construimos otras relaciones.

Cuando la relación que tenemos con nosotras mismas no es saludable, dejamos la puerta entreabierta para que entren todo tipo de cosas. Es una invitación a los límites imprecisos, las decisiones extrañas, las enfermedades o la búsqueda de aprobación, es decir, todo tipo de cosas desagradables que son demostraciones de que tal vez no nos estemos honorando, respetando, entendiendo o aceptando. Nuestro enfoque ante esta relación de suma importancia no es precisamente estimulante; deja mucho que desear, eso seguro. Nos flagelamos innecesariamente, ignoramos nuestras necesidades y nos menospreciamos. Cualquier otra relación las pasaría canutas para sobrevivir en este ambiente tóxico. Tal vez sea esta la verdad innegable, que realmente las estamos pasando canutas para sobrevivir en este ambiente tóxico. La ansiedad, la agitación interior, el conflicto y el lenguaje tosco no nos están ayudando. Para nada. Hace que nos quedemos pequeñas, y nos convierten en rehenes de la aprobación de los demás. Al hacernos callar, estamos impidiendo nuestro crecimiento.

Nos estamos creando un entorno que da miedo. No me extraña que no florezcamos.

Cargamos con el «no soy lo suficientemente buena», con los «no puedo» y los «debería»; nos repetimos incesantemente la misma melodía dañina y falsa, una y otra vez, hasta que ya no podemos quitárnosla de la cabeza. Se convierte en nuestra opinión por defecto de quiénes somos y de qué somos capaces. No nos aceptamos tal y como somos, y vamos por la vida pidiendo disculpas por existir, dando por sentado que la culpa es nuestra y que quienes nos rodean no tienen la culpa de nada. Tratamos a los demás como si fueran VIP y a nosotras como si fuéramos KK. Hay una discordancia, un desequilibrio, y hasta que no lo abordemos, no llegaremos a dominar esta parafernalia del *self-care*, porque seguiremos poniendo las necesidades de otras personas por delante de las nuestras. Y todas sabemos adónde nos lleva este camino: a Villaenfermedad. Sí, ese sitio al que no tenemos intención de ir en un futuro próximo.

Para integrar el «yo» en el autocuidado, tenemos que crear una lista de reproducción diferente, bailar a un nuevo son, adoptar las enseñanzas de nuestro viejo amigo Sócrates y «conocernos a nosotras mismas». Con una gran cucharada de autoaceptación por si las moscas. Solo entonces seremos capaces de detener la autocrítica, los juicios que nos hacemos, y ver las imperfecciones como lo que son: una parte integral de nuestro ser acompañada de algunas fortalezas realmente alucinantes. No vendrá nadie a entregarnos el testigo de la autoconfianza: tan solo podemos obtenerlo nosotras. Rechazarnos a nosotras mismas es fútil: somos aquello con lo que hemos nacido y con esto nos tiene que bastar. Es suficiente. Estamos bien tal y como somos. Esta es la verdad más verdadera de todas.

No necesitamos que nos arreglen, no estamos averiadas. Tal vez estemos perdidas, inseguras, confundidas, escondiéndonos, recuperándonos, en apuros, hiriendo, heridas, marcadas con cicatrices, desorientadas y asustadas, pero no averiadas.

No va a ser fácil desmontar y desaprender algunos de los nefastos hábitos y procesos mentales que hemos adquirido por el camino. Todo requiere su tiempo. Del mismo modo que nos hemos tomado un tiempo para llegar hasta donde estamos ahora, necesitaremos tiempo para arremangarnos, hurgar en el fondo de nuestro ser, preguntarnos el porqué de todo lo que hacemos y entender mejor quiénes somos en esencia.

Si la vida es una lección, tú eres la escuela: la moderadora de todas las curvas de aprendizaje y de todas las enseñanzas, así como la jefa de diseño de tu propio currículum.

La Escuela del Yo es un sitio del que nunca llegamos a graduarnos, del que nunca nos vamos. Somos estudiantes de por vida. Profesorado y alumnado, abusonas y amigas, todas son una única persona: nosotras. Nosotras somos las protagonistas. Y en cuanto a los deberes, nunca se acaban. Nunca jamás. Qué razón tiene el antiguo dicho de que uno recoge lo que siembra. ¿Y sabes cuál es la mejor parte? Nosotras ponemos las normas. ¡Ja, ja, ja!

Somos seres maleables. A lo largo de la vida nos han influido mucho quienes nos han educado: nuestros profesores, nuestros compañeros, la suma de nuestras experiencias y los titulares de la prensa. La opinión de quiénes creemos ser es prestada, es una aleación de todas las perspectivas (a menudo discrepantes), actitudes y opiniones que estas personas y situaciones nos han dado. Nosotras adoptamos muchos de esos puntos de vista sin cuestionárnoslos, y se convierten en nuestros puntos de referencia, nuestros ideales y nuestra postura. Es como jugar a pasar la patata caliente a gran escala y aceptar automáticamente las opiniones que nos han conformado, sin cuestionarnos de dónde vienen. Sin olvidar, claro está, que esa misma gente que ha influido en nosotras ha heredado sus opiniones de la misma forma. Nuestra identidad se ha ido pasando como una patata caliente: hemos recogido las peculiaridades de las generaciones precedentes y vivimos nuestras vidas según lo que ellas perciben como bueno, malo o indiferente.

Estamos viviendo la versión de cómo otras personas creen que debería ser la vida. Y eso, seguramente, tampoco es su versión sincera de lo que creen que la vida debería ser. Simplemente se han unido al final de la conga de «la vida debería ser» y se han negado el espacio para plantearse si están de acuerdo o no con esa visión.

«Estamos bien tal y como somos. Esta es la verdad más verdadera de todas.»

Buah.

No me extraña que sintamos que no encajamos, que no somos suficiente, que estamos constantemente nadando a contracorriente. Tenemos la sensación de que reivindicar nuestros valores es una tarea rutinaria, aunque puede que ni sean nuestros valores. Si te da la sensación de estar en un compromiso, lo más probable es que estés en un compromiso: comprometida con creencias y perspectivas arcaicas que ni siquiera son tuyas. Si no te gustas, es probable que no te estés permitiendo la oportunidad de ser tú misma. No eres tú quien no te gusta, sino la versión de ti que han moldeado los demás.

No necesitamos que nos arreglen: necesitamos liberarnos, quitarnos capas y desplegar las alas.

En realidad, es un poco como trazar una raya en la arena. Decidir liberarte de esas cadenas, desprenderte de esas etiquetas, ganarte tu propio respeto, dejar de modificar quien eres para poder encajar, dejar de ir en tu contra, dejar de seguir al rebaño.

Tenemos más opciones en la vida que granos de arena en la playa, y esto es liberador y motivador, pero, caramba, también da un poco de miedo. Da miedo porque es algo muy nuevo, y porque si estamos marcando nosotras el camino, puede que nos desviemos. Puede que cometamos más errores, pues nos estaremos aventurando hacia lo desconocido. Pero en vez de los límites en los que nos confinan esas normas heredadas, ahora tenemos opciones que antes nos parecían invisibles, las limitaciones y las expectativas no pesan tanto, y nuevas posibilidades empiezan a centellear en la distancia. Aceptarnos como somos no impide nuestro crecimiento, sino que lo facilita.

Conocernos es un proceso de aprendizaje que no acaba nunca: a medida que crecemos y cambiamos, puede que necesitemos reconectar con nuestro yo en desarrollo. Tal vez descubramos que ahora no nos gusta lo mismo que antes nos gustaba y que ya no nos ayude igual lo que antes nos nutría.

«Conocernos es un proceso de aprendizaje que no acaba nunca.»

Digamos que nos ponemos las cosas difíciles.

La verdad es que vivimos en un mundo que alimenta nuestras inseguridades y preocupaciones. Es fácil no sentirnos lo suficientemente válidas si nos comparamos con el desequilibrado terreno de juego de las redes sociales y de los principales medios de comunicación. Las fotos sumamente retocadas de la perfección y el éxito no sirven para apaciguar nuestros sentimientos de carencia: no somos ni tan listas ni tan divertidas, simplemente no somos tan interesantes como representa que es todo el mundo en las fotos. Y nosotras nos lo tragamos con patatas.

Lo que no nos planteamos es que por cada persona hacia la que nos sentimos así, habrá otra persona que se sentirá igual hacia nosotras.

Entonces, la amabilidad con una misma es un acto de rebelarse contra la «norma».

Es un acto de rebelión contra el miedo que también borbotea alrededor de nuestra sensación de carencia. El miedo motiva, pero no siempre es el mejor sitio donde buscar la motivación. Cuando nos motiva el miedo, prestamos atención a lo que no queremos que pase, a lo que queremos evitar, a las carencias que puede que estemos teniendo. En vez de vivir una vida dirigida por el miedo, podemos elegir un punto de partida alternativo: la amabilidad.

No siempre es fácil ser amables con nosotras mismas, ya que sentimos una intensa resistencia a serlo; nos hace sentir totalmente incómodas y falsas. El cambio radical de pasar de ser crueles con nosotras mismas a ser amables será un paso significativo. Este viraje siempre requerirá la combinación de esfuerzo, paciencia y aceptación.

«No siempre es fácil ser amables con nosotras mismas, ya que sentimos una intensa resistencia a serlo.»

La aceptación es la llave mágica que te abre las puertas a un estilo de vida menos desagradable. Un estilo de vida en el que trabajamos a nuestro favor y no en nuestra contra. Somos muy conscientes de nuestra personalidad, de nuestras particularidades, imperfecciones y estados de ánimo; muchas gracias, pero ya no nos definen, sino que simplemente forman parte de quienes somos. Somos polifacéticas y complejas, y nos tropezamos, y nos caemos, es una realidad. Pero cuando nos pase, aplicaremos la autocompasión para que nos ayude a ver la enseñanza que hay detrás en vez de flagelarnos cuando estamos de bajón. El tono de nuestras conversaciones internas pasará a ser amable, empático y comprensivo porque la autocompasión nos ayuda a aliviar el estrés que sentimos, en vez de entrar en su juego. Nos anima a ser amables cuando estamos en apuros, a darnos el beneficio de la duda, a no regañarnos más de la cuenta y a darnos mucho amor. Y si esto del amor es demasiado cursi para nosotras, podemos empezar con la aceptación: aceptación de que lo estamos haciendo lo mejor que podemos, tanto ahora como en momentos del pasado, aceptación de que somos diferentes y de que nuestras diferencias están floreciendo y se están convirtiendo en valores maravillosos, aceptación de nuestros errores.

VUÉLVETE CURIOSA

De niñas nos lo preguntamos todo. ¿Por qué esto? ¿Por qué lo otro? ¿Por qué, por qué, por qué, por qué, por qué? Nuestros cerebros absorben cosas nuevas a la velocidad de la luz y captar el «porqué» (la mecánica de algo) nos ayuda a comprender, amplía nuestra perspectiva y nos hace más observadoras.

Aunque esto pueda ser un fastidio para los adultos que van por ahí tratando de encontrar respuestas al ejército de preguntas de cada día —respuestas que no siempre tienen (gracias a Dios que existe Google)—, por desgracia, en algún punto del camino, nuestra naturaleza curiosa se ha apagado un poco. Empezamos a aceptar las cosas «tal como son», «seguimos las reglas» y vivimos con el piloto automático una vida más reactiva que proactiva. Esto significa que, probablemente, hacemos y pensamos cosas sin tener ni idea de su fundamento, del «porqué». Esto también nos sucede cuando nos sentimos impotentes, como si no tuviéramos control sobre lo que pasa.

Los descubrimientos científicos, la innovación, la creatividad y los avances en tecnología han nacido de mentes curiosas. Este espíritu de curiosidad (que no, no mató al gato) es un buen hábito que deberíamos reintroducir en nuestras vidas cotidianas. Deberíamos volver a desafiar nuestras creencias, las creencias ajenas, las historias que nos contamos, la manera como funciona el mundo que nos rodea y, efectivamente, el mundo en general. Las preguntas son nuestras amigas: nos iluminan con respuestas, desvelan las opciones que tenemos a nuestra disposición, nos animan a probar cosas nuevas, nos dan una comprensión de qué nos motiva, abren espacio a perspectivas discrepantes, nos sacan del estancamiento y de la autocomplacencia, desafían los estereotipos, fomentan nuestro desarrollo y nos obligan a poner plena atención en nuestro entorno.

Con todas las normas/límites/expectativas/creencias que absorbemos de quienes nos rodean, es más importante que nunca que sigamos preguntando el «porqué» y que sigamos volviendo a esa pregunta, porque es probable que el «porqué» cambie con el tiempo. Al cuestionárnoslo, nos brindamos la oportunidad de seguir realineando nuestras acciones con quienes somos, con quienes queremos ser y con lo que queremos hacer.

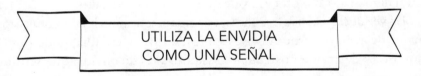

UTILIZA LA ENVIDIA COMO UNA SEÑAL

Si eligiéramos cómo querríamos que fueran nuestras vidas, las tendríamos despedazadas y repartidas por todas las redes sociales. Ahora sabemos más cosas que antes acerca de las idas y venidas de nuestros conocidos. Tenemos una entrada en primera fila para el espectáculo del Humildefanfarrón, y no es para tanto. Se lo digo especialmente a aquellas de nosotras que pecamos de no sentirnos lo suficientemente válidas de entrada.

Las redes sociales están llenas de publicaciones que buscan aprobación y son un semillero de comparacionitis. Pero estas comparaciones no siempre son justas. Carecemos de toda la información necesaria para hacer una comparación justa, y acabamos comparando el lugar donde estamos nosotras, con toda su realidad y su poco refinamiento, con una foto de un microsegundo de lo mejor de otra persona. Vemos el logro, pero no vemos el sufrimiento del trayecto para llegar hasta allí: el rechazo, las largas noches, la angustia, los malabarismos económicos y el crecimiento. Vemos una foto de grupo donde todo el mundo está sonriendo a la cámara con sus sonrisas cursis y sus ojos centelleantes, pero no vemos las discusiones, el resentimiento, las preocupaciones sobreentendidas o la tristeza. Vemos fotos de preciosos bebés, pero no vemos las noches en blanco, la angustia de si volver o no a trabajar, las dudas sobre una misma, la ansiedad y la turbación. Vemos un selfi y nos sentimos muy poca cosa, pero no vemos los problemas de autoestima, la incertidumbre, la inseguridad y los filtros que hay detrás.

Nos tomamos estas imágenes al pie de la letra y hacemos juicios sin pensar, basados en esas fotos de un micromomento en el tiempo, pero no tenemos en cuenta que lo que tienen los demás no siempre es mejor. No leemos entre líneas, no tenemos en cuenta que tal vez nuestra perspectiva sea un poco difusa o nos fijamos en lo que no se está diciendo. La foto se convierte en un punto de referencia con el cual nos comparamos, y esto puede ser duro para nosotras. Tenemos la sensación de que han puesto el listón demasiado alto otra vez y de que no estamos a la altura.

En vez de flagelarnos (recuerda, estamos practicando la autocompasión), en vez de avergonzarnos de esos sentimientos de envidia, podemos explorarlos y dejar que nos guíen. Esas punzadas de envidia que sentimos pueden ser una indicación de hacia dónde queremos ir, de quiénes queremos ser y de qué nos gustaría alcanzar. La envidia es una increíble herramienta que tenemos a nuestra disposición: pone de relieve nuestros sueños, nuestras necesidades, las posibilidades y las oportunidades que puede que no hayamos considerado, y nos recuerda cuáles son nuestros deseos. También nos puede indicar un viraje en nuestro rumbo: tal vez exista un camino alternativo para alcanzar nuestros sueños y aspiraciones.

Sintamos lo que sintamos, es lo que sentimos. No hay emociones equivocadas o malas. Lo que importa es cómo interpretamos los mensajes que nos dan y, después, lo que decidimos hacer con esa información.

EMPIEZA A ESCRIBIR UN DIARIO

¿Te acuerdas de esos diarios que escribíamos en la adolescencia? ¿Aquellos recubiertos de garabatos y pegatinas? Las libretas que quedaron cargadas de nuestros secretos, nuestras esperanzas y nuestras angustias mientras navegábamos por la escarpada curva del aprendizaje de la adolescencia, una época un tanto turbulenta, confusa, aterradora y constantemente cambiante. Las libretas que guardábamos debajo del colchón o que escondíamos bajo una baldosa del suelo porque lo peor que nos podía pasar era que alguien descubriera nuestros mayores y más oscuros secretos, y que los revelara a todo el mundo, adjudicándonos el estatus social de paria.

¿Por qué dejamos de hacerlo? ¿Por qué abandonamos la efusión de nuestras emociones, la reflexión, la sinceridad, la autoexpresión, el vaciado de nuestro cerebro, el paso lento de la vida por un micromomento y el espacio para, simplemente, ser?

Llevar un diario no es solo una excusa para comprar nuevos y elegantes materiales de papelería (¡como si necesitáramos una excusa para hacerlo!). Es un acto de autocuidado, una poderosa herramienta que nos brinda el espacio para entender lo que nos está pasando en tiempo real.

Cuando nos damos espacio para escribir tranquilamente, tanto si esto significa que dejamos que las palabras fluyan como si es en respuesta a algunos motivadores de escritura, ya sea a lo largo del día, por la mañana o por la noche, silenciamos el diálogo del mundo exterior y sintonizamos con nues-

> **«La reflexión, la sinceridad, la autoexpresión, el vaciado de nuestro cerebro, el paso lento de la vida por un micromomento y el espacio para, simplemente, ser.»**

tro diálogo interior. Le subimos el volumen y esto nos ayuda un montón porque nos da la oportunidad de descubrir nuestros sentimientos reales, nos ayuda a sintonizar con patrones de pensamiento y de conducta, nos ayuda a atravesar capas y ver lo que sale. Llevar un diario nos ayuda a identificar desencadenantes, esas veces en las que nuestros límites se han visto afectados, las veces que reivindicamos nuestros límites, los aspectos de nuestras vidas en los que necesitamos más apoyo, los momentos felices inesperados, las soluciones a problemas, nuestras «victorias», nuestras necesidades insatisfechas, los sueños de los que nos habíamos olvidado; es decir, nos ayuda a conectar ideas, a atar cabos.

Cuando intentamos revivir nuestros recuerdos durante un periodo de tiempo, suele tratarse de un recuerdo polarizado, ya que recordamos los mejores y los peores momentos. Cuando capturamos nuestros pensamientos y sentimientos con regularidad, también capturamos los puntos medios, y esto puede revelarnos muchas cosas. Ver nuestras emociones, las fuentes de estrés, los sentimientos, los logros, las celebraciones, los problemas y los conflictos, en blanco y negro, los valida y nos ayuda a verlos objetivamente.

No hay una manera correcta o incorrecta de llevar un diario. Solo importa «tu» manera de escribirlo, eres tú quien decide. Es una oportunidad de desconectar, reorganizarse y relajarse. Nos aporta un poco de esos momentos tan necesarios, los «momentos para mí». No tienes por qué pelearte con la ortografía, la puntuación ni la gramática; este tiempo tan valioso sirve para liberarte de las restricciones de la vida, para practicar la autoexploración y autoexpresión.

ESCUCHA CÓMO TE SIENTES

A ver, a menudo tachamos este tipo de cosas de chifladuras, ya que preferimos pruebas concretas que tengan un sentido lógico. Pero para empezar, como personas, no tenemos sentido: somos criaturas complejas. Tenemos instintos, corazonadas e intuiciones que son más sabias de lo que queremos reconocer. Experimentamos sensaciones físicas como reacción a ciertas situaciones: aceleración del ritmo cardíaco, tensión, palmas sudorosas, alteración de la respiración y un nudo en el estómago. Reconocemos estas sensaciones porque son extremadamente incómodas e intentamos racionalizarlas, pero no siempre escuchamos lo que nos están diciendo.

Ya hemos determinado que hay veces en las que nos sentimos indecisas, en medio de un dilema, o empujadas en diferentes direcciones. Además de la influencia de los «debería» y «tendría que» de la sociedad, el cerebro opera de tal forma que las dos partes que lo conforman no siempre están de acuerdo. Verás, una mitad del cerebro opera de forma analítica, y toma en consideración todas las experiencias conscientes y los datos que tiene disponibles, de forma lenta y calculada. La otra mitad del cerebro opera en un abrir y cerrar de ojos, indaga en nuestros archivos del subconsciente, y no siempre llega a respuestas que tengan un sentido racional. Ambas partes funcionan de forma diferente dependiendo de las circunstancias, y ninguna de ellas es infalible: solo sabemos lo que sabemos y solo podemos sopesar las decisiones con estos conocimientos.

El *self-care* hace que estemos sintonizadas con cómo nos sentimos y con cómo nos queremos sentir. A veces, una decisión que tenemos que tomar a corto plazo entrará en conflicto a largo plazo. Intentamos sincronizar las dos partes, y, aunque no siempre sea posible, es un buen punto de partida.

Todas sabemos que nuestros sentimientos pueden cambiar según las circunstancias. Cómo nos sentimos después de pasar un rato con gente que nos motiva y cómo nos sentimos después de pasar un rato con gente que nos quita energía. Cómo nos sentimos cuando hemos aceptado hacer algo que traspasa nuestros límites y se nos forma una bola en el estómago de inmediato, o las mariposas de emoción, o las mariposas de nervios, o esos sueños ignorados que nos corroen por dentro, o las veces que nos hemos ruborizado incontrolablemente, o las veces que nos hemos sentido renovadas, consoladas y nutridas.

Al ignorar cómo nos sentimos frente a estas cosas (lo que nos hace sentir bien y lo que no), nos privamos de una forma de ayudarnos a decidir qué es y qué no es el *self-care* para nosotras como individuos: nos privamos de una herramienta evolutiva inteligente que nos ayuda a tomar decisiones basadas en lo que instintivamente sabemos que es bueno para nosotras.

EMPIEZA UN ÁLBUM DE RECORTES

«¿Quién soy?» es seguramente una de las preguntas más difíciles de responder porque no siempre lo sabemos. Es una pregunta descomunal que a menudo da pie a más preguntas que respuestas. Desgraciadamente, puede que nunca hayamos sabido la respuesta; puede que hayamos vivido situaciones que hayan puesto en tela de juicio nuestra identidad o puede que hayamos tocado fondo a causa de un trauma o de una enfermedad. Puede que nos hayamos acostumbrado tanto a vivir para complacer a los demás que no sepamos ser de otra forma. La sociedad intenta meternos a todas con calzador en cajas etiquetadas, cajas en las que, simplemente, no encajamos, ni queremos encajar.

Nuestro sentido del yo, la misión de entender quiénes somos, es una necesidad intrínseca. Nos mueve un ansia de entender nuestra identidad fundamental, aunque no nos demos cuenta de ello. Nuestro sentido de identidad es la comprensión global que tenemos de nosotras mismas: nuestros puntos fuertes, debilidades, gustos, aversiones, valores, aficiones, etcétera. Este sentido de identidad es importante porque nos da una base sólida, actúa como una brújula interna y nos ayuda a tomar decisiones. Cuando no estamos seguras de quiénes somos en esencia, sentimos que vamos a la deriva, desorientadas e inestables. Nos sentimos como si lleváramos una máscara y fuéramos vulnerables a que nos controlaran factores externos, lo cual afecta a cómo nos vemos y, a su vez, a nuestro sentido del bienestar.

También va cambiando quiénes somos: no somos ahora la persona que éramos hace cinco, diez o veinte años. Evolucionamos, cambiamos y adquirimos nuevos roles.

Empezar un álbum de recortes sobre ti es una manera visual de juntar las piezas de tu identidad. Una idea sería encontrar imágenes/fotos/representaciones visuales de tus respuestas a preguntas como: «¿Qué es importante para mí?», «¿Con quién me gusta pasar tiempo y por qué?», «¿Cuáles son mis actividades favoritas?», «¿Qué me reconforta?», «¿Adónde me gustaría viajar o qué me gustaría explorar?», «¿Cómo es mi día ideal?», «¿Qué quería ser cuando era más joven?», «¿Cuáles son mis canciones favoritas?», «¿Con qué aficiones disfruto?», «¿Qué me está reprimiendo?», «¿Qué cosas nuevas me gustaría probar?», «¿Qué colores/flores/alimentos me atraen?», etcétera. La lista de posibles preguntas es infinita. Lo más práctico de este método de autodescubrimiento es que las preguntas parecen relativamente sencillas por separado, pero combinadas conforman la respuesta a la gran pregunta «¿Quién soy?».

> **«Empezar un álbum de recortes sobre ti es una manera visual de juntar las piezas de tu identidad.»**

JUEGA MÁS

En el mundo de los niños hay que jugar, y cuando un niño no juega, nos tenemos que preocupar. Jugar es divertido, pero también es una puerta que incentiva enormemente el aprendizaje. No solo es bueno para nuestras habilidades cognitivas, sino también para nuestras interacciones con los demás, nuestro bienestar emocional, nuestras habilidades para resolver problemas y nuestra imaginación.

Vamos a ver, hacerse mayor no es tan divertido como parece. Las responsabilidades nos llegan hasta las orejas, hemos comprado el estatus social de vivir ajetreadas, hemos menospreciado cualquier cosa que nos gusta, estamos constantemente limitadas por largas listas de tareas, y estamos aburridas de estar aburridas y de ser tan malditamente serias. En algún momento escogimos trabajar en vez de jugar, la monotonía en vez de la

«Nunca seremos demasiado mayores para jugar ni para cosechar los beneficios del juego.»

exploración, las tareas en vez de la diversión y el aburrimiento en vez del placer.

Echamos la culpa al tiempo, alegamos que nos falta tiempo. Pero es la mentira sobre la que giramos, ya que encontramos tiempo para el resto de cosas y el resto de personas: trabajo, familia, amigos, tareas, ver la tele, comprobar las redes sociales o urgencias. La verdad es que priorizar la diversión hace que nos sintamos culpables, frívolas e indulgentes. A veces está tan desconectado con lo que sentimos, que no podemos aceptarlo. Ha pasado tanto tiempo desde la última vez que hicimos cosas por gusto y placer que hemos perdido de vista sus beneficios. Y no me vengas con historias: nunca seremos demasiado mayores para jugar ni para cosechar los beneficios del juego. Sabiendo que las enfermedades relacionadas con el estrés están creciendo a una velocidad alarmante, no podemos permitirnos no sacar tiempo para jugar y liberarnos del estrés: hay demasiado en juego.

No es que se nos olvide cómo jugar, sino que simplemente perdemos la costumbre. No tenemos que relacionarlo con ningún resultado concreto; es, simplemente, una actividad desestructurada y nada productiva que nos aleja de nuestras responsabilidades, y las razones que nos damos para no hacerlo son exactamente estas mismas.

Encuentra una foto o
haz un dibujo que
represente cómo
te sientes ahora mismo.

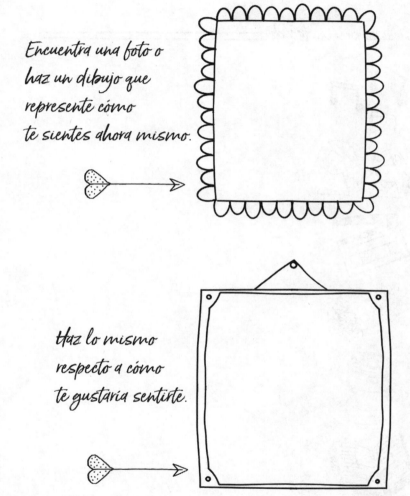

Haz lo mismo
respecto a cómo
te gustaría sentirte.

Las cosas preferidas de _____ :

Utiliza estos recuadros para
describirte con diez palabras positivas:

6. No tenemos que ir a por todas: el poder de lo micro

«Vamos a recuperar nuestro poder, pasito a pasito.»

Llegar al punto en el que estamos de acuerdo en que cuidarse es beneficioso es solo el principio. Aunque es un inicio fantástico, la dificultad radica en cómo convertirlo en algo continuo y a largo plazo en nuestras vidas.

Para nuestra mente, el mero hecho de pensar en hacer algo nuevo puede ser algo totalmente descomunal. Observamos aquello que se cierne sobre nosotras y o bien optamos por ir a por todas, aunque nos cueste mantener los cambios necesarios, o bien nos quedamos paralizadas. Al no saber por dónde empezar, muy a menudo no damos ni el primer paso. No empezamos, de modo que se convierte en otra cosa más que hemos procrastinado, otra mella en nuestra autoestima. Incluso aunque hayamos identificado que esa «cosa» tal vez sea algo importante para nosotras (algo que quizá nos ayude a sentirnos más seguras, alegres, inspiradas, nutridas, fuertes, etcétera), su importancia no quita que dé miedo aventurarse a explorar un camino desconocido.

Nuestra mente puede trabajar en nuestro favor y en nuestra contra. Reconocer que queremos cambiar y ponernos manos a la obra son dos cosas muy distintas. Sentimos una resistencia insuperable.

«El miedo a lo desconocido es habitual en muchas de nosotras.»

Esto es, en gran parte, culpa del miedo: miedo a lo desconocido, miedo al fracaso y miedo a no estar a la altura. Todos tenemos un radar de miedo que nos acecha por dentro, y escanea amenazas y peligros. Una vez que ha fijado su mirada en una amenaza, envía mensajes de alerta al resto del cuerpo. El miedo es, sin duda, muy útil a veces: cuando nuestras vidas están realmente en peligro. No existiríamos sin él. Pero el problema con nuestro radar de miedo es que se sabe que tiene problemas de rendimiento: puede fallar a veces, es poco fiable. Este radar de miedo detecta el peligro basándose en situaciones hipotéticas imaginarias de cómo puede desarrollarse algo. Computa todas las posibles situaciones y nos prepara para lo que «podría» estar por venir. Así es: nuestro cuerpo reaccionará a un resultado que percibe como desfavorable de la misma forma que reaccionaría ante un tigre diente de sable que nos acechara. El radar pone en marcha un conjunto de procesos fisiológicos que nos preparan para luchar o huir. Puede que notemos mariposas en el estómago, o que se nos pongan los pelos de punta o que la adrenalina nos corra por las venas y entremos en un estado de hiperalerta e hipervigilancia.

El miedo a lo desconocido es habitual en muchas de nosotras, ya que requiere que salgamos de nuestra zona de confort, en la que, cómo no, nos sentimos cómodas. Conlleva que hagamos algo diferente de lo que hemos hecho antes sin garantías de cuál será el resultado. El miedo hace acto de presencia y exagera los posibles resultados negativos. Predice y trata de disuadir convincentemente de los futuros cambios propuestos, basándose en algunas pruebas anecdóticas bastante chapuceras. El objetivo evolutivo del miedo es mantenernos a salvo, lo cual, sin querer, también puede hacernos sentir pequeños, prisioneros y encadenados a nuestras inseguridades. Una vida en la que el miedo lleva las riendas no es una vida muy feliz.

El miedo nos sobrecarga. Lo único que estamos intentando hacer es escribir nuestra propia historia, forjarnos una vida mejor, elegir qué caminos nos gustaría tomar. Pero el miedo nos pone palos en las ruedas y se convierte en un adversario peleón.

La buena noticia es que el miedo no tiene por qué quedarse al mando: podemos apartarlo del camino, crear resiliencia frente al miedo y, paso a paso, vencer su poder.

Para reducir el poder que tiene el miedo sobre nosotras y expandir nuestra zona de confort, tenemos que activar el modo «valentía». Sí, tendremos que arremangarnos y prepararnos para

«*Estaremos más cómodas con lo incómodo.*»

cambiar el resultado de esta historia. Vamos a recuperar nuestro poder, pasito a pasito. Serán pasos y momentos tan minúsculos que, por sí solos, son casi imperceptibles. Ser valiente suena descomunal, pero lo único que necesitas son microactos y micromomentos de valentía. Del mismo modo que se necesitan microactos y micromomentos para resistirnos a la historia que nos cuenta el miedo a fin de volvernos resilientes a él. Cuantos más microactos y micromomentos acumulemos, más fácil será sacar pecho y adaptarnos. Nos sentiremos cada vez más fuertes y confiadas, estaremos más cómodas con lo incómodo y, antes de que nos demos cuenta, habremos consolidado nuevos hábitos. Todos salimos ganando.

Y no te preocupes, miedo, que no te ignoraremos: no tienes que gritar más para que te escuchemos. Te escuchamos perfectamente, pero también podemos ver quién eres. Vemos tus defectos y te saludaremos para que veas que te reconocemos. Pero también ajustaremos cuentas contigo y te enseñaremos quién manda aquí.

Sí que es una lucha interna. De algún modo, a causa de ciertas intenciones y propósitos, estamos en guerra con nosotras mismas. Y no es una tarea fácil. Esta guerra se vale de nuestras facultades mentales, pero al hacer los pasos lo más pequeños posibles, también estamos dando suficiente tiempo a nuestros niveles de energía para que vuelvan a recuperarse.

Todas tenemos muy claro qué comportamientos es más probable que produzcan resultados positivos. Lo complicado viene cuando nuestros comportamientos actuales parece que estén a años luz de cómo nos gustaría que fuesen. Y ni se te ocurra pensar que nuestro cerebro nos lo pondrá fácil: nuestra mente prefiere nuestros hábitos actuales, quiere quedarse con lo que sabe y no apoya nuestros objetivos. La mente está diseñada para ayudarnos a tomar la salida más fácil, el camino con menos obstáculos. Y cuando queremos hacer cambios, no solamente tenemos que gastar más recursos mentales, sino que también tenemos que luchar contra formidables secuencias neuronales. Así que vamos a tener que piratear esa automatización de forma prolongada, realista y relativamente simple.

Vamos a tener que pensar a largo plazo.

Y eso no es tan fácil como parece.

Tenemos la tendencia de acelerar el progreso. Se trata de esa situación de recompensa instantánea en la que sabemos lo que queremos y lo queremos ya, sin demora. De inmediato. Ahora mismo. Una vez que nos hemos decidido por algo, no queremos esperar. Actualmente no tenemos que esperar por casi nada: podemos mandarnos mensajes instantáneos con nuestros amigos, comprar cosas por internet para que nos lleguen el mismo día, y estar en un país distinto en unas horas. El problema de la recompensa instantánea es que al buscar el placer a corto plazo que nos ofrece, puede que estemos renunciando a la felicidad a largo plazo. Lo contrario también sucede: el placer a largo plazo implica a veces la voluntad de renunciar a la felicidad a corto plazo.

Suena bastante insatisfactorio, ¿verdad? ¡Maldita sea!

Imagínate, por ejemplo, el mar. Nadie puede negar que es una bestia poderosa, pero no erosiona la pared de un acantilado con su fuerza y su poder. No, lo que daña el acantilado son las olas incesantes durante un largo periodo de tiempo, que socavan las rocas del acantilado, una a una. Ola a ola. Sin prisa, pero sin pausa.

La recompensa instantánea tiene poca visión de futuro. Es incapaz de concebir el largo plazo y de reunir la paciencia necesaria para ver cómo evolucionan los planes. A veces ir a por todas nos puede llevar a marcarnos objetivos poco realistas, comparables a querer subir al Everest sin preparación o entrenamiento previos. Cuando abarcamos mucho y apretamos poco, inconsciente e innecesariamente nos tendemos una trampa para caer en el fracaso, y eso duele. Nuestros fracasos nos pueden enseñar un poco, pero rara vez dejamos que se expresen lo suficiente, y con toda la buena voluntad del mundo, si el

«El placer a largo plazo implica a veces la voluntad de renunciar a la felicidad a corto plazo.»

fracaso se convierte en un hábito del que no aprendemos nada, entonces tiene un poder destructor. Puede ser peligroso desoír al fracaso. Si seguimos cometiendo el mismo error una y otra vez, sin buscar los aprendizajes y los mensajes

«Las microacciones requieren una cantidad mínima de esfuerzo, motivación, energía y habilidad.»

que contiene, la seguridad en nosotras mismas se va erosionando con el tiempo. Dejamos de tener ganas de probar cosas nuevas, porque nos parece que el fracaso es el resultado predeterminado. Y no es para nada un resultado predeterminado. Nada lo es. Todas la fastidiamos, pero no seríamos capaces de caminar si de bebés no nos hubiéramos tropezado y caído, y no hubiéramos seguido intentándolo. El fracaso no tiene que significar una derrota: no tiene que ser el final del camino. Entender por qué hemos fracasado y reflexionar acerca de lo que hubiéramos hecho diferente nos ayuda a atar cabos, a definir una nueva hoja de ruta. Nos aporta información que hace que nuestro segundo, tercero, cuarto, milésimo intento tenga más puntos de prosperar.

Implementar un nuevo hábito, aunque sea tan beneficioso y metamórfico como encontrar tiempo para el *self-care*, no es algo que pase de la noche a la mañana. Los hábitos se forman a base de acciones repetidas, y cuando estas acciones planificadas son demasiado grandes o demasiado radicales, podemos sentir que la situación es un poco caótica. Nuestra reacción refleja es volver a la «norma», de vuelta a lo que sabemos y a lo que estamos acostumbradas. De vuelta a la casilla de salida.

Cuando repetidamente nos encontramos de vuelta en la casilla de salida, nuestra motivación comienza a agotarse y nuestra fuerza de voluntad empieza a flaquear. Se requiere energía mental para levantarnos una y otra vez, desempolvarnos y volver a empezar. Es el inicio lo que es agotador.

Por ese motivo las microacciones y los micromomentos tienen todo el sentido del mundo. Casi siempre son realistas, ahí radica su belleza. No requieren una enorme transformación, pero a la que toman velocidad, tienen el potencial de producir cambios tremendamente positivos. Las microacciones requieren una cantidad mínima de esfuerzo, motivación, energía y habilidad. Cuanto más pequeña es la acción, más alcanzable parece y más fácil es incorporarla a nuestra vida cotidiana. No es necesario que rebusquemos en nuestras agendas ya atiborradas para encontrar pedazos de tiempo para cambiar: siempre podemos encontrar tiempo para un micromomento de autocuidado. Y si ya estamos exhaustas, ¡hay incluso microacciones que podemos hacer desde el confort de nuestra propia cama!

Cambiar puede ser incómodo, pero las microacciones nos permiten cambiar poco a poco. No hay ninguna necesidad de calentar motores: no te vas a exigir demasiado. No tendrás que saltar, brincar, correr o saltar vallas.

Estamos hablando de dar los primeros pasos hacia lo desconocido, encontrar tu rumbo y luego avanzar a paso de tortuga en vez de galopar torpemente. En varios sentidos, lo que hacemos es disminuir la velocidad de nuestro progreso, pero, a la vez, aumentamos nuestras posibilidades de triunfar a largo plazo, dando zancadas más grandes de lo que nos parece.

Para identificar qué microacción o micromomento es necesario, tenemos que comprometernos con un objetivo, un sueño o un sentimiento deseado. Este es el resultado al que nos gustaría llegar. Luego tenemos que hacer una lluvia de ideas de los pasos más pequeños que podamos dar para llegar allí y anotarlos como sea para poder refrescar la memoria en cualquier momento. A esto se le llama «ingeniería inversa»: tomamos el producto final y lo desmontamos hasta que tenemos una serie de pasos pequeños y manejables que nos ayudan a llegar al final.

Las acciones y los momentos no requieren demasiado tiempo o energía. Encajan fácilmente en nuestra agenda diaria. No nos añaden más presión. Si nos saltamos una microacción o un micromomento, no tiene mucha importancia, es fácil volver a retomar el camino. Son periodos de tiempo manejables que nos mantienen concentradas en el resultado elegido en el marco de esta vida tan bulliciosa. A medida que añadimos capas de microacciones y micromomentos notamos pequeños cambios sutiles en nuestras vidas: experimentamos más «victorias».

Nuestra confianza crece, igual que lo hacen el ímpetu y el impacto de nuestras acciones.

Incluir el *self-care* en nuestra vida diaria es una estrategia alcanzable, fascinante, gratificante y alentadora. La acumulación de burbujas diarias de acciones y momentos deliberados nos ayuda a apartar el miedo y la resistencia que sentimos.

Hay burbujas de tiempo «muerto» en nuestras vidas cotidianas. Hay burbujas de tiempo cuando estamos de camino al trabajo, o de vuelta del trabajo, esperando para entrar en la consulta del médico, esperando a alguien, o merodeando en Facebook. Y estas burbujas temporales las podemos utilizar a nuestro favor y aprovecharlas para algunos micromomentos de autocuidado.

Porque este es el fundamento del *self-care*: que no se sume al estrés y a las presiones del día, sino que las reduzca. Y las burbujas de tiempo nos ofrecen la oportunidad de hacer una pausa, reflexionar y evaluar.

Es sorprendente lo que se puede alcanzar en un micromomento, o en una serie de micromomentos. Y aunque cada una tenga su propia manera de cuidarse, aquí tienes algunas cosas que podemos hacer que se enmarcan perfectamente en el ámbito del autocuidado y que nos pueden aportar beneficios a todas.

LIMPIA LA BANDEJA DE ENTRADA

Incluso con la mejor intención del mundo, nuestras bandejas de entrada están a menudo a rebosar: los *emails* a los que tenemos que contestar, los emails a los que no recordamos habernos suscrito y los *emails* que tenemos que guardar para otro día. Tenemos tantos *emails* que nos salen por las orejas.

A menudo nos perturban y nos interrumpen la concentración con sus incesantes avisos. Nos hacen dar saltos al ritmo de las notificaciones del móvil, en vez de dejarnos ir al ritmo de la vida que nos rodea.

El autocuidado tiene como objetivo que retomemos el control de lo que hacemos y en el momento en que lo hacemos, y los *emails* nos lo com-

> **«Las burbujas de tiempo nos ofrecen la oportunidad de hacer una pausa, reflexionar y evaluar.»**

plican. Para recuperar un poco el control en el terreno de los *emails*, he aquí algunas cosas que puedes hacer:

- Elimina la opción de enviar/recibir *emails* desde el móvil o, por lo menos, silencia las notificaciones que recibes para elegir conscientemente cuándo quieres mirar el móvil.
- Mantén el motor de búsqueda o la aplicación del correo electrónico cerrado cuando estés trabajando en tu escritorio y consúltalo en periodos establecidos a lo largo del día.
- Utiliza un servicio como *unroll.me* para cancelar de forma masiva suscripciones a listas de distribución (a menudo a aquellas a las que no recordamos habernos apuntado).
- Configura carpetas de *emails* para guardar los correos antiguos que están atascándote la bandeja de entrada con el fin de poder encontrar más fácilmente los *emails* que buscas.

BEBE AGUA

Dos tercios de nuestro cuerpo están compuestos de agua y es importante mantener estos niveles altos para funcionar de forma óptima, ya que se regula la temperatura, se transportan vitaminas, minerales y oxígeno allí donde se necesitan, etcétera. En cuanto nos duele la cabeza a causa de la deshidratación, nuestros niveles de agua han caído en picado y necesitan reponerse. Estar deshidratadas, por muy poco que sea, afecta nuestras funciones corporales, nuestro estado de ánimo, nuestra productividad y nuestra capacidad cerebral.

Puede resultar difícil acordarse de beber regularmente a lo largo del día, y el ajetreo de la vida a menudo enmascara algunas de las pistas que nos manda el cuerpo para decirnos que necesita más líquido. Una forma de hacer que nuestros móviles trabajen para nosotras y no en nuestra contra es instalando una aplicación que nos recuerde que tenemos que beber y que haga un recuento de lo que hemos bebido a lo largo del día.

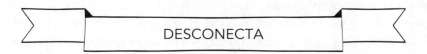

DESCONECTA

El hueso del brazo está conectado al hueso de la mano. El hueso de la mano está conectado al hueso del dedo. El hueso del dedo está conectado al móvil. Todo el día. Bueno, quizá no todo el día, pero gran parte de él. Contestamos, confirmamos que nos gusta, navegamos, espiamos y comprobamos el móvil una impactante media de setenta y seis veces al día.

En estudios científicos, la luz azul que emiten nuestros teléfonos se ha relacionado con el insomnio: se cree que esa luz azul inhibe la producción de melatonina, que es la hormona que produce nuestro cuerpo para inducirnos el sueño. El sueño interrumpido y de poca calidad puede hallar su causa en la navegación nocturna desde cualquier pantalla.

Ser esclava de nuestros dispositivos electrónicos no es para nada divertido. Tiene sentido desconectar antes de ir a la cama, pero también en otras ocasiones a lo largo del día. Al hacerlo, nos permitimos tener espacio y silencio, el tiempo afloja el ritmo, percibimos más cosas a nuestro alrededor, conectamos mejor con quienes están en el mismo lugar que nosotras, conectamos mejor con nosotras mismas y nos sentimos menos tensas.

DITE QUE «SÍ»

Las exigencias de la vida moderna van a todo gas. Literalmente, podríamos llenar cada día varias veces. De hecho, eso es lo que hacemos. Llenamos nuestro tiempo con las exigencias ajenas y con un exceso de responsabilidades. Antes de que te des cuenta, el tiempo ha volado en un abrir y cerrar de ojos. No podemos ir atrás en el tiempo, no podemos añadir más tiempo por arte de magia, pero podemos usarlo de un modo más inteligente según nos convenga.

Ya hemos hablado de las veces que les decimos que «sí» a los demás cuando nos sentimos presionadas, cuando creemos que es lo que tenemos que hacer, o cuando nos sentimos culpables, pero aún no hemos hablado de las veces en las que decimos que «no» a las cosas que nos motivan. Esas veces que nos negamos algo, poniendo en riesgo nuestra salud, nuestros sueños y las relaciones que nos importan.

Cuando nos ponemos al final de la lista cada maldita vez, demostramos a los demás que ese es nuestro sitio. Pero no lo es: somos tan importantes como la persona que tenemos al lado y nos merecemos la oportunidad de hacer las cosas que nos importan. Es perfectamente aceptable rechazar una petición para trabajar hasta tarde porque queremos pasar un rato con nuestros amigos y familiares. Es perfectamente razonable no responder al teléfono si estamos sumergidos en un buen libro. Es justo pedirle a la gente que no se presente en nuestra casa sin previo aviso. Es admirable que protejamos el tiempo que nos hemos reservado para trabajar por nuestros sueños.

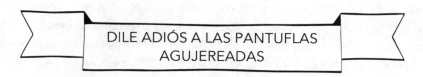

DILE ADIÓS A LAS PANTUFLAS AGUJEREADAS

Cuando nos sentimos despreciables, creemos que no somos dignas del tiempo y la atención de los demás, que no nos merecemos las amistades, que no nos merecemos que nos ayuden y que no nos merecemos «cosas bonitas».

La ropa interior deshilachada y descolorida, las pantuflas que tienen más agujeros que un rallador de queso, la preciosa vajilla de porcelana que guardamos para ocasiones especiales. Ya nos está bien.

Pero no tiene por qué ser así.

Nos merecemos unas pantuflas que nos mantengan los pies calentitos, nos merecemos ropa interior que nos haga sentir *sexis* y nos merecemos considerar cada día como si fuera una ocasión especial, porque somos especiales. Cuando sustituimos esas cosas andrajosas una a una, estamos poniendo a prueba pensamientos arraigados. Nuestras acciones valen más que mil palabras. Nos estamos diciendo que nos lo merecemos, porque así es. Siempre nos lo merecemos.

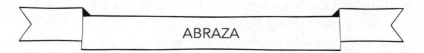

ABRAZA

¡Oh, un simple abrazo! Llevamos toda la vida abrazando, desde que éramos niñas. Abrazamos a la gente, abrazamos mascotas, abrazamos mantas y abrazamos nuestros peluches.

Los abrazos son mágicos: reconfortan, calman y tranquilizan. Cuando abrazamos a alguien a quien queremos, aumentan los beneficios del abrazo. Cuanto más largo es el abrazo, mejor. Un gran estrujón es totalmente medicinal: un abrazo de veinte segundos libera una hormona llamada oxitocina (la hormona del amor). A la oxitocina se le atribuye la disminución del ritmo cardíaco, la reducción de la presión arterial, el alivio del dolor, la disminución de la producción de cortisol (la hormona del estrés), la estimulación de la producción de dopamina (la hormona del placer) y el aumento del sentido de pertenencia.

Prepara tus brazos y... ¡ESTRUJA!

REGULA LA RESPIRACIÓN

No siempre lo notamos, pero cuando estamos estresadas, nerviosas o ansiosas, cambia nuestro ritmo respiratorio. Se acelera y no respiramos tan hondo como cuando estamos calmadas.

En el momento en que llevamos la atención a la respiración cambiamos al modo de atención plena: nos transportamos al momento presente y nos cuesta pensar en cualquier otra cosa si realmente nos estamos concentrando en la respiración mientras inhalamos y exhalamos. Por eso tantas meditaciones guiadas empiezan con este ejercicio, porque atrae nuestra atención al «ahora», y cuando estamos completamente presentes en el «ahora», es más difícil estar estresadas, nerviosas y ansiosas con respecto a cosas externas.

Todas nos sentimos estresadas de vez en cuando, y podemos ser previsoras e instalarnos aplicaciones como Breathe2Relax (gratis) en el móvil, para que nos ayuden cuando lo necesitemos. Un ejercicio realmente simple que puedes hacer sin necesidad de ninguna aplicación es inhalar por la nariz contando hasta cinco y luego sacar el aire por la boca contando hasta cinco. Repítelo hasta que el ritmo cardíaco haya vuelto a la normalidad.

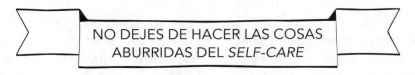

NO DEJES DE HACER LAS COSAS ABURRIDAS DEL *SELF-CARE*

Las cosas aburridas, aunque fundamentales, del autocuidado pueden merodear por nuestra mente, confinadas solamente en la memoria. El problema de nuestra memoria es que los días se acaban fundiendo en uno y ya tenemos almacenadas allí demasiadas cosas que hay que completar. Es fácil dejarse absorber por la vida diaria y olvidar las cosas importantes. Nos referimos a citas con el médico, recetas médicas, tomarte la medicación, dormir lo suficiente, pagar las facturas y rellenar formularios.

Programar en nuestros móviles avisos para realizar estas actividades saca a nuestra mente del apuro. Esto permite liberar espacio mental y recordar automáticamente aspectos relacionados con el autocuidado. No tenemos que preocuparnos de habernos olvidado de hacer A, B y C porque los avisos están ahí para apoyarnos y nos harán saber lo que tenemos que hacer, y cuándo, a su debido tiempo. Una vez más, dejemos que nuestros móviles trabajen a nuestro favor.

CREA UNA RUTINA PARA IR A LA CAMA

Dormir es un acto de autocuidado no negociable, aunque parece que cada vez le reservamos menos tiempo.

La falta de sueño tiene graves consecuencias: socava nuestro bienestar y afecta nuestras funciones cognitivas de tal manera que la privación de sueño se ha utilizado como una forma de tortura a lo largo de la historia. Cuando nos privamos de dormir, nos ponemos en riesgo: emocional, mental y físicamente.

Este periodo de descanso y recuperación es algo hermoso: facilita el aprendizaje y la memoria, estimula el sistema inmunitario, reduce el estrés, previene accidentes, gestiona el apetito, disminuye el riesgo de enfermedades y nos mantiene felices.

Si creamos una rutina para ir a la cama, protegemos ese momento del día, aumentamos la efectividad de nuestro sueño y aumentamos las posibilidades de despertarnos sintiéndonos renovadas y con muchas ganas de empezar el día. Porque, no nos engañemos, esto no es lo normal en nuestro caso.

La rutina para ir a la cama puede empezar durante el día: podemos incorporar algunas pausas para descansar, evitar la cafeína después de las dos del mediodía, restringir el azúcar, limitar la exposición a pantallas después de las ocho de la noche, modificar el entorno donde dormimos para que sea cómodo, y revisar a qué hora tenemos que empezar al día siguiente para poder dormir entre siete y nueve horas, que son las horas de sueño recomendadas. Otras acciones que podemos considerar son estas: ir a la cama y despertarnos a la misma hora cada día, empezar a relajarnos media hora antes de ir a la cama, apagar nuestros teléfonos y cargarlos en otra habitación durante la noche, beber leche caliente, leer, escuchar música relajante, escribir un diario, o darnos una ducha o un baño calientes.

HAZTE UNA LISTA DE REPRODUCCIÓN

La música nos une, nos evoca recuerdos, nos hace sentir, nos relaja, nos motiva, nos tranquiliza y nos reconforta. También puede disminuir la presión arterial, estimular el bienestar mental, mejorar el estado de ánimo, aumentar el estado de alerta, reducir la ansiedad, reducir el estrés y ayudarnos a hacer ejercicio más a gusto.

Los gustos musicales cambian de persona a persona: reaccionamos de formas diferentes a melodías y letras distintas. Hay diferentes melodías que componen la banda sonora de nuestras vidas; hay canciones que evocan recuerdos dolorosos, canciones que nos hacen sentir duras por los momentos difíciles que hemos pasado, canciones que nos hacen sonreír, canciones que nos animan a contonearnos bajo una centelleante bola de discoteca, canciones que hacen que nos sintamos felices, canciones que nos ofrecen un alivio temporal de las estupideces del día a día, y canciones que refuerzan nuestra confianza.

Igual que en todas las actividades de autocuidado, la clave está en la planificación, que podría afectar a las canciones de nuestra lista de reproducción y a si compilamos más de una. Por ejemplo, podríamos crear una lista de reproducción para un día de lluvia, para un día de pena, para las veces que necesitamos motivación, para las veces que necesitamos un flujo constante de melodías que nos levanten la confianza, tal vez para ayudar a liberar un poco de energía, para dar esperanzas, para cuando estamos enfadadas, para cuando estamos tristes, para el romance, para la amistad o para reír.

SACÚDETE COMO UNA FOTO DE POLAROID

Planificar momentos para hacer ejercicio en el marco de una agenda llena hasta los topes puede parecer una misión imposible. Puede que te parezca ridículo sugerir siquiera hacer ejercicio cuando ya estamos tan malditamente exhaustas. Ya estamos hechas polvo, gracias. Pero para que el ejercicio sea efectivo, no es necesario pasarse una hora entera sudando en el gimnasio; el ejercicio puede ser rejuvenecedor, ayudar a nuestra circulación, reforzar nuestro sistema inmunológico, y ayudar a relajarnos y a calmarnos. Y podemos sentir los beneficios de dedicar bloques de tiempo aquí y allí (no tiene por qué ser en un gran bloque abrumador).

La clave está en encontrar lo que nos va bien a nosotros, tanto si se trata de dar la vuelta a la manzana brincando durante quince minutos a la hora de comer o de hacer una excursión más larga por la montaña, de sacudirnos como una foto de Polaroid al ritmo de nuestras melodías cursis preferidas, de hacer circuitos de saltos de tijera y carrera sin moverte del sitio, de saltar en una cama elástica o en una pelota saltarina, de hacer yoga con un vídeo de YouTube, de seguir un DVD de ejercicios, de surfear... Lo único que importa es que nos lo pasemos bien y lo hagamos.

Que no nos dé miedo hacerlo a nuestra manera.

«Para que el ejercicio sea efectivo, no es necesario pasarse una hora entera sudando en el gimnasio.»

Todos tenemos miedos.
Utiliza las señales para enumerar los tuyos.

Anota tus actos de valentía:

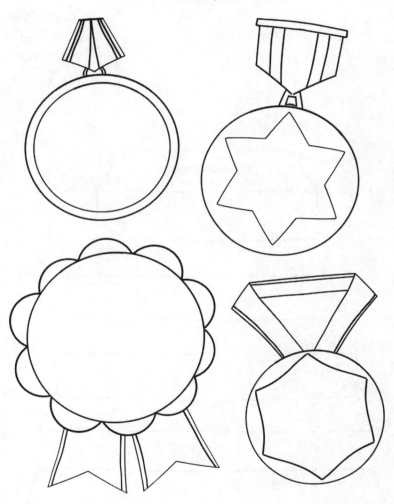

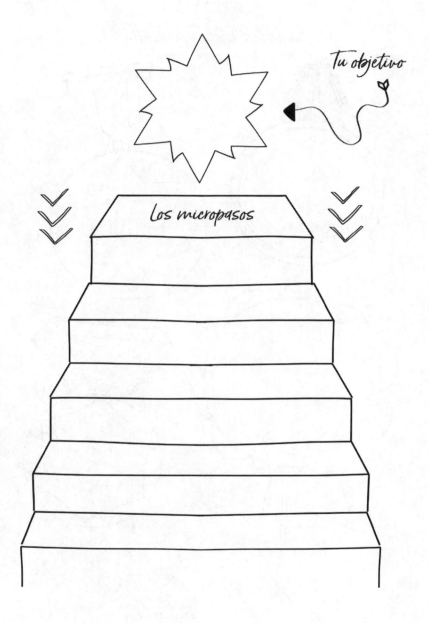

Tu objetivo

Los micropasos

7. Priorizar y planificar el self-care en nuestras ajetreadas vidas

«Dejamos a un lado nuestras necesidades hasta "algún día", y ese "algún día" nunca llega.»

Hay un dicho que reza algo así: «La planificación previa evita una actuación de m★★★★a». Pero nosotras vamos a reformularlo (porque sí) y diremos: «La planificación previa evita la mala salud y los límites imprecisos» (porque es así). Cuando nos olvidemos del autocuidado (porque nos pasará), no se tratará de una actuación lamentable, sino de algo propio de la vida, porque así es la vida. Pasará, de esto no cabe duda, pero trataremos de planificar para mantener el autocuidado durante el máximo tiempo posible. Y tampoco vamos a flagelarnos por habernos olvidado del autocuidado; simplemente lo retomaremos una y otra vez, y otra y otra y otra.

Este es, seguramente, el capítulo más importante de este libro porque es el que realmente marcará la diferencia. También es el capítulo que te puede parecer un poco intimidante, ya que el testigo está en tus manos ahora. Tenemos una nueva comprensión del *self-care* y de nosotras mismas. Lo que cuenta ahora es qué hacemos con esta valiosa información.

Una cosa es entender por qué queremos cambiar las cosas, obstinadas en hacerlo, y otra muy distinta es mantener esa llama viva en nuestro interior para adoptar las acciones necesarias para cambiar. Al fin y al cabo, la vida es simplemente una serie de microdecisiones y micromomentos, y si podemos estar atentas y ser conscientes de su presencia, podemos hacer algunos cambios bastante molones. Pasito a pasito.

Suena más o menos fácil, ¿verdad?

Pues no lo es.

¿Por qué?

La vida nos hace tropezar. Nosotras nos hacemos tropezar a nosotras mismas. Otras personas nos hacen tropezar. Nuestro cerebro tira piedras contra nuestro propio tejado. Los antiguos hábitos van volviendo a hurtadillas. Es agotador ir a contracorriente para cambiar y consolidar nuevos hábitos: se necesita autodisciplina, motivación y fuerza de voluntad, y no tenemos reservas infinitas de estos elementos.

Y lo que ocurre con el *self-care* es que cuanto más lo practicamos, más notamos su magia transformadora, y más queremos practicarlo, llevar a cabo otros cambios. Así que esa fricción de ir a contracorriente no desaparece, sino que tan solo aprendemos a sentirnos más o menos cómodas con ella.

Para darnos la mejor oportunidad posible para cambiar, necesitamos activar el modo planificación.

Ya puedes poner los ojos en blanco.

Es verdad, planificar suena poco atractivo, restrictivo, aburrido y fastidiosamente arduo. Y ya estamos hasta las narices del trabajo duro y aburrido, ¡muchas gracias!

Pero bien que planificamos en cualquier otra área de nuestras vidas: trabajo, estudios, cumpleaños, vacaciones, bodas, hijos, jubilación, etcétera. Así que ¿por qué no tener un plan que nos permita obtener los mejores resultados? Un plan que nos devuelva firmemente al asiento del conductor, que nos sostenga cuando sintamos que el mundo conspira contra nuestra salud y nuestros objetivos. Un plan que condense y priorice nuestras necesidades y deseos, que resalte aquello a lo que queremos decir «sí» y a lo que queremos decir «no», pero que también nos dé la oportunidad de reescribir nuestro futuro basándonos en cómo el pasado ha moldeado nuestro presente.

Lamentablemente, el autocuidado no se materializa por casualidad: solo funciona si nos ponemos a ello a conciencia.

Pero ¡es que no tenemos tiempo para estas cosas!

No, realmente creemos que no tenemos tiempo. Estamos abrumadas con todas las tareas, los objetos, las personas y el ruido que tratan de captar a voces nuestra atención. En este punto, el autocuidado nos parece un castillo en el aire. Algo inalcanzable.

Empecemos viendo si podemos liberar un poco de tiempo y espacio mental.

RENEGOCIA EL TIEMPO DE MÓVIL

Actualmente, una de las actividades más devoratiempo son las redes sociales. Se trata, sin duda, de una maravillosa herramienta en muchos sentidos, pero su propia naturaleza implica que, a menudo, subestimamos el tiempo que nos pasamos absorbidas en ella. Se dice que comprobamos nuestros móviles la friolera de setenta y seis veces al día, y aquí nos podemos poner bastante a la defensiva. No queremos eliminarlo por completo, para nada, sino ver en qué momentos podemos evitarlo. Si pudiéramos reducir esa cifra hasta, por ejemplo, veinticinco veces, entonces habríamos encontrado una descarada burbuja de tiempo para dedicarnos al autocuidado. Recuerda que estamos apostando por las microburbujas de tiempo.

Podemos descargarnos aplicaciones que nos dicen cuánto tiempo pasamos con el móvil: AntiSocial y Moment son dos aplicaciones fantásticas que pueden ayudarnos con esto. Recuerda que el objetivo de estos datos no es que nos sintamos avergonzadas o culpables; no hay una cantidad ni buena ni mala con respecto al tiempo que pasamos en las redes sociales, sino que solo se trata de lo que nos funciona a nosotras como individuos. Para algunas de nosotras se trata de la única interacción que tenemos con los demás, nuestra única ventana al mundo exterior; puede que lo tengamos que utilizar para el trabajo, para dar o recibir apoyo, para estar al día de las noticias, para aprender o para conectar con grupos que nos ayudan a mantenernos fieles a nuestros propósitos. Este no es otro palo con el que fustigarnos, sino una herramienta que nos da un cálculo riguroso de por dónde se nos escapa el tiempo para así poder renegociarlo, si es eso lo que queremos. Si consideramos que entrar en las redes sociales es un acto de autocuidado porque nos ayuda a sentirnos bien, nutridas, reconfortadas y motivadas, pues entonces nos podemos saltar este paso. Tenemos este punto cubierto.

FICHA AL SALIR DEL TRABAJO: FÍSICA Y MENTALMENTE

Otra área habitual en la que parece que el tiempo se disuelve es en la borrosa línea que separa el tiempo laboral y el espacio personal. Se ha prodigado mucho el concepto de «conciliación del trabajo y la vida personal», que puede llevarnos a sentir que hemos fracasado incluso antes de haber empezado. No existe ese equilibrio tan firme, pues no todas las condiciones confluyen en un sitio perfecto, sino que fluyen. No hay una puerta emocional o mental que podamos cerrar una vez que hemos fichado al salir del trabajo, del mismo modo en que no nos olvidamos de nuestras familias cuando estamos trabajando. Estas partes de nuestra vida se mezclan y se fusionan, y aún más cuando nos gusta nuestro trabajo, cuando trabajamos desde casa, cuando nuestro horario laboral es flexible o cuando sentimos presión por estar disponibles a cualquier hora de cualquier día.

Si lo consideramos de forma aislada, esto no supone un gran problema; apenas lo notamos. Pero con frecuencia nuestras horas de trabajo se cuelan sigilosamente en nuestro tiempo fuera del trabajo. Se expanden e invaden el tiempo que deberíamos dedicar a descansar, los momentos en los que podemos centrarnos en temas que no sean del trabajo y divertirnos. No siempre hay una distinción clara entre dónde acaba el trabajo y dónde empieza nuestro tiempo personal.

ENDEREZA ESAS FRONTERAS IMPRECISAS

Cuando tenemos la sensación de que los diferentes elementos y personas en nuestras vidas se fusionan en uno, entonces es muy probable que acabemos con fronteras imprecisas, tanto propias como ajenas.

Tanto si nos damos cuenta de ello como si no, todas tenemos fronteras: las líneas físicas, emocionales y mentales que nos dictan a nosotras, y a quienes nos rodean, qué permitiremos o toleraremos, y qué no. Influyen en cómo nos comportaremos y en cómo esperamos que nos traten los demás y se comporten cuando los tenemos cerca. Estas fronteras son algo poderoso: nos protegen y determinan el tono de todas nuestras relaciones, las personales y las laborales, las saludables y las no tan saludables.

Cada día experimentamos estas fronteras en todo lo que hacemos. Por ejemplo, las fronteras nos dicen que no nos acerquemos a un desconocido y le demos un lametazo a su helado, que no entremos en casa de un desconocido sin que nos invite y nos preparemos una bañera. También vemos ejemplos de fronteras que se desafían o se traspasan: un jefe que normalmente espera recibir respuestas fuera de la jornada laboral marcada por contrato, que fija objetivos y fechas de entrega poco realistas. Por lo general no iríamos a un desconocido y le tocaríamos la barriga, y, sin embargo, hay gente a quien le parece totalmente aceptable acercarse a una mujer embarazada y hacer precisamente esto (no es aceptable si no tienes permiso para hacerlo).

Es nuestro derecho y nuestra responsabilidad decidir cuáles son nuestros límites y luego comunicar y reafirmar esas fronteras. Puede que otros nos ofrezcan resistencia cuando reafirmamos nuestras fronteras, o puede que nosotras sintamos

> **«Es nuestro derecho y nuestra responsabilidad decidir cuáles son nuestros límites y luego comunicar y reafirmar esas fronteras.»**

— 117 —

resistencia cuando otras personas reafirman las suyas. Esto es bidireccional: tenemos que respetar las fronteras de los demás tanto como queremos que respeten las nuestras.

Sabemos cuándo nuestras fronteras están en peligro porque tenemos la sensación de estar en una máquina de pinball en la vida real, rebotando aquí y allá, adelante y atrás, tambaleadas por lo que quieren los demás, lo que necesitan y lo que nos exigen. Creemos que se están aprovechando de nosotras, nos sentimos manipuladas, como si lleváramos la palabra «idiota» escrita en la frente. Sentimos que nos han faltado al respeto y experimentamos indignación, confusión, frustración y enfado.

Las fronteras saludables son la diferencia entre decir «sí» porque tenemos la sensación de que es lo que tenemos que hacer (de nuevo esa Ley del Debería) y decir «no» porque queremos decir que «no». Si no sabemos cuáles son nuestros límites, lo que estamos dispuestas a tolerar y lo que no, tampoco podemos esperar que los demás lo sepan. Tenemos que dejar claro lo que nos importa a nosotras, lo que estamos dispuestas a aceptar y lo que no.

Así como los límites pueden protegernos, también pueden aislarnos. Pueden ser imprecisos, pero también restrictivos y claustrofóbicos. Podemos saber cuándo nuestros límites son similares a los muros de una fortaleza porque nos sentimos incomprendidas, solas, desconectadas y aisladas de los demás. Los muros que construimos para protegernos, para mantener a los demás a una cierta distancia, también podemos percibirlos como las paredes de una prisión.

Los límites nos permiten mantener nuestra individualidad, comunicar claramente nuestras necesidades, cambiar de opinión y vivir alineadas con nuestra identidad. Nos ofrecen el espacio que necesitamos para crecer, recargar pilas y ocuparnos de nuestras necesidades. Nos dan un plan de acción que nos ayuda a planificar tiempo para las cosas que nos importan.

EVITA LA MULTITAREA

Hablamos de la multitarea como si fuera un arte que tenemos que dominar, y cuando notamos que ya tenemos la sartén por el mango, no nos acabamos de sentir orgullosas de nosotras mismas.

Parece que tenga que ser el pasaporte hacia una tierra prometida de bandejas de entrada vacías y listas de tareas completadas en la que podemos ponernos cómodas y relajarnos, disfrutando de nuestro don para la productividad.

Pero traigo malas noticias, amigas: la multitarea no existe.

¡¿Quééééé?!

Los científicos han descubierto que realmente no podemos hacer más de una cosa a la vez: nuestro cerebro simplemente no puede hacerlo, sino que va pasando de una tarea a otra con rapidez, dejándonos con esa sensación de atontamiento que tan bien conocemos. También han descubierto que, lejos de ser una manera eficiente de hacer las cosas, somos más productivos cuando nos centramos en hacer una sola cosa a la vez, una cosa detrás de otra: se requiere menos tiempo haciendo las cosas así que intentando dominarlo todo a la vez. Cuando intentamos la multitarea, lo que estamos haciendo en realidad es darle una paliza a nuestro cerebro y agotar sus reservas de energía. Al sobrecargar y sobrecalentar nuestras habilidades cognitivas, nos ponemos innecesariamente bajo presión y estrés.

También sabemos que, en cierto modo, la multitarea no funciona porque nunca tenemos la sensación de que el trabajo está hecho, nunca llegamos a la parte del día en la que podemos «ponernos cómodas y relajarnos». En vez de eso, acabamos el día exhaustas y frustradas porque a nuestras listas de tareas parece que les vayan apareciendo cosas como setas en vez de irse reduciendo. Cuando finalmente llegamos a la cama por la noche, no tenemos una sensación de realización, sino que nos dan vueltas por la cabeza todas las cosas que no hemos conseguido hacer. Estamos tensas y

«La multitarea no funciona.» cansadas: un fastidioso estado de inquietud justo en el momento en el que necesitamos dormir desesperadamente.

Cuando nuestras listas de tareas tienen la longitud de nuestros brazos, e incluso más, tenemos la sensación de que la multitarea es la única manera de salir adelante. Es, desde luego, a lo que estamos acostumbradas, y ya sabemos que a nuestro cerebro no le gustan los cambios. Pero, por otro lado, a nuestro cerebro tampoco le gusta la multitarea. Estamos apañadas tanto si lo hacemos como si no.

No temas: tenemos alternativas. Siempre tenemos alternativas. Primero, podemos abandonar aquello que estamos haciendo motivadas por un distorsionado sentido de la obligación, aquello que tal vez se ha colado porque nuestras fronteras eran imprecisas. Ya sabes de qué estamos hablando: de las cosas que acechan en nuestros calendarios y de las que ya estamos intentando deshacernos. Simplemente tenemos que desvincularnos de ellas. Nos está permitido cambiar de opinión, nos está permitido elegirnos a nosotras, y nos está permitido tomar las decisiones adecuadas para nosotras y para nuestras familias.

Con suerte, también habremos aumentado el tiempo que nos queda para nosotras «fichando» al salir del trabajo y reduciendo el tiempo que pasamos con el móvil.

¡Y también podemos aprovechar las ventajas de agrupar las tareas por lotes! Es decir, aglutinar tareas de un cariz similar. Esto ya lo hacemos sin darnos cuenta: no nos cepillamos un diente ahora y volvemos más tarde para cepillarnos el resto; nos los cepillamos todos a la vez. No vamos al súper tropecientas veces para rellenar la despensa producto a producto; solemos hacer una compra grande de una vez.

Agrupar tareas también puede ayudarnos a minimizar la fatiga que supone tomar decisiones. En vez de planificar nuestros menús cada día, podemos planificar (e incluso preparar) de una vez los menús de una semana. Podemos hacer lo mismo con la planificación de los conjuntos que nos pondremos para ir a trabajar a lo largo de una semana entera, con las tareas de casa, con los recados, o cuando compramos tarjetas de cumpleaños, cuando lidiamos con nuestras finanzas, o cuando respondemos *emails* o notificaciones de las redes sociales.

El tiempo no es el único bien preciado que se nos roba con la multitarea: también presionamos y agotamos a nuestro cerebro.

HAZ QUE EL AUTOCUIDADO SEA INNEGOCIABLE

Hay cosas en la vida que no haríamos, aunque nos fuera la vida en ello. Esas cosas son nuestros innegociables y están alineadas con nuestros valores fundamentales. No hay negociador en el mundo que pudiera persuadirnos para que hiciéramos esas cosas. No están en la mesa de negociaciones. Solo la idea de cruzar esas «líneas» nos pone los pelos de punta.

Y, sin embargo, constantemente ponemos en riesgo quiénes somos. Cruzamos esa «línea» cada día con nuestra salud cuando no nos damos tiempo para recuperarnos del estrés y de las presiones de la vida. Nos exigimos tanto que dejamos el pozo completamente seco. Dejamos a un lado nuestras necesidades hasta «algún día», y ese «algún día» nunca llega. Es un espejismo, una ilusión óptica, la mentira que nos tragamos. Solo cuando la vida nos ha hecho trizas y estamos tiradas en el suelo, nos damos cuenta de ello. Entonces, y solo entonces, el autocuidado se convierte en una herramienta a la que recurrimos.

No existe nada tan valioso a lo que trataríamos tan mal, lo cual significa que no debemos de estar viendo lo valiosas que somos. Aquí está el tema: nosotras somos importantes porque todo el mundo es importante. Nos merecemos la vida, las risas y el amor tanto como la persona que tenemos al lado. No nos podemos intercambiar con nadie, así que ya nos podemos arremangar y comprometernos a sacar el máximo partido de quienes somos y aceptar la verdad de quienes somos, sin importar cuál sea nuestro punto de partida.

Puede que, para ti, el *self-care* sea un territorio inexplorado, pero es algo innegociable, y aquí tienes el porqué: el autocuidado nos evita problemas de salud, nos simplifica la vida, sin tener que sacrificarnos, es la luz en la oscuridad, es la pausa en el va-va-va. Es nuestra rehabilitación de las exigencias de la vida, el permiso que nos damos para florecer, la recuperación del control, la némesis del agotamiento, el fortalecimiento y definición de lo impreciso, el florecimiento de nuestra amistad con nosotras mismas, la liberación de tensiones, la estimulación de los sueños, la redirección de la energía, y un adiós empático a los «debería», «podría» y «pero».

Todas nos merecemos una gran cucharada de todo esto.

CUÍDATE CADA DÍA

Si nuestros actos valen más que mil palabras, entonces nuestros actos de *self-care* deberían silenciar los pensamientos que tenemos de que no valemos nada o no somos importantes. Llegará un momento en el que las acciones positivas e intencionadas invalidarán los pensamientos y los sentimientos negativos.

Cuando nos cuidamos cada día, cultivamos este nuevo hábito de una manera no intrusiva. No nos estamos pidiendo bloquear una hora cada día (de momento no... ya llegaremos ahí poco a poco ★guiño guiño★), sino que estamos buscando esas microburbujas de tiempo en las que comprobamos cómo estamos, reflexionamos acerca de cómo nos sentimos, revisamos nuestros niveles de energía y actuamos en consecuencia. El autocuidado es «ser» y «hacer» a partes iguales. Cuando tenemos el espacio para ser, podemos ver con más claridad lo que puede que tengamos que hacer para sentirnos mejor.

Por eso la etiqueta #365daysofselfcare («365 días de autocuidado») es tan potente. Es una etiqueta estupenda, utilizada sobre todo en Twitter e Instagram por quienes se han comprometido a hacer un acto de autocuidado cada día del año. La etiqueta aporta una plétora de ideas de autocuidado, así como una comunidad de gente que se da apoyo entre sí. Es una manera fantástica de trazar nuestro progreso y asegurarnos de que cumplimos nuestros propósitos. La etiqueta también ilustra el caleidoscopio de necesidades distintas que tenemos cada individuo y puede aportarnos ideas para experimentar con el autocuidado.

Planificar un tiempo para practicar el autocuidado cada día nos permite prever obstáculos que podrían descarrilarnos. Los espacios de tiempo que planificamos no son momentos de reserva en los que pueden colarse tareas y obligaciones, sino intervalos dedicados a ayudarnos a sentirnos mejor, signifique lo que signifique eso para nosotras.

¿Qué actos de autocuidado se te antojan?

1

2

3

4

5

¿Cómo sacarás tiempo para ellos?

1

2

3

4

5

¡Venga, rápido! Apúntatelos en la agenda o en el calendario.

Planifica
tu día ideal
de autocuidado:
cada rayo
representa una hora.

PLAN DEL DÍA

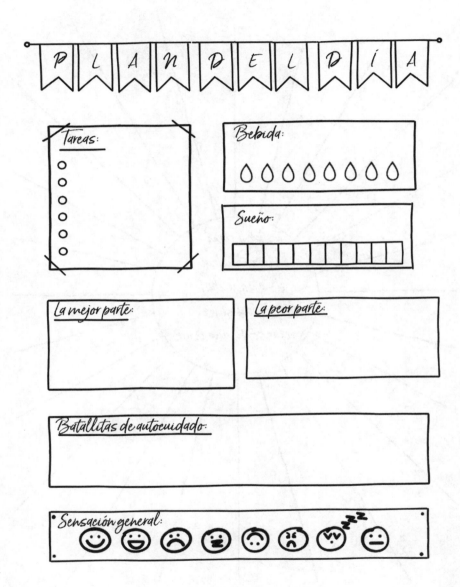

Tareas:

Bebida:

Sueño:

La mejor parte:

La peor parte:

Batallitas de autocuidado:

Sensación general:

8. La brigada de autocuidado: cómo ayuda y qué hacer si no tenemos una

«Es importante de quién nos rodeamos.»

Un aspecto del autocuidado que no siempre tenemos en cuenta es la gente con la que elegimos compartir nuestro tiempo, el efecto que pueden tener en cómo resulta nuestra vida, el efecto que nosotras podemos tener en cómo resulta su vida, y el efecto que puede tener en nuestra salud y felicidad el no tener a gente con quien compartir el tiempo.

Nuestras opiniones, pensamientos, sentimientos, creencias y comportamientos están moldeados, directa e indirectamente, por las personas con las que pasamos tiempo. Y su influencia puede que no siempre sea favorable. Somos personas diferentes cuando estamos solas y cuando estamos rodeadas de otras personas: tendemos a adoptar una mentalidad de grupo cuando estamos con nuestros amigos.

La presión social y la influencia social se asocian normalmente a adolescentes que hacen tonterías para participar en algo que las personas que están a su cargo tal vez no vean con buenos ojos. De lo que no nos damos cuenta es de que nunca dejamos atrás esa influencia social, no nos volvemos inmunes a ella; es una parte integral de nuestra vida, tanto si es una influencia consciente que notamos como si es algo inconsciente.

La estructura de nuestro sistema educativo sienta las bases para que pasemos tiempo de calidad con nuestros amigos, cada día del periodo lectivo (por no hablar de las horas que dedicamos a hablar por teléfono con nuestros amigos fuera del colegio). La suma de responsabilidades como personas jóvenes es básicamente: hacer deberes para el cole, estar con nuestras amistades y navegar el siempre cambiante panorama físico y emocional hacia la madurez. Los caminos que recorremos con nuestros amigos del colegio son a menudo paralelos en cuanto a naturaleza y experiencias: lecciones, deberes, grupos de música a los que escuchar, revistas y libros que leer, exámenes, pubertad, y el proceso de autodescubrimiento. Dedicamos mucho tiempo, energía y compromiso a mantener, fomentar y priorizar esas amistades.

Pero si nos fijamos en cinco, diez o quince años después, al llegar a la madurez plena, muchas de esas amistades se habrán ido apagando, y nuestros caminos habrán serpenteado en direcciones distintas. Nuestras amistades se vuelven vulnerables a causa de las circunstancias y no siempre soportan el paso del tiempo. Nuestro yo adulto tiene responsabilidades adicionales que tener en cuenta y con las que hacer malabarismos: relaciones románticas, trabajo, facturas, hijos, mascotas, vivir en diferentes zonas geográficas, ruptura de unidades familiares y enfermedades. El tiempo que tenemos disponible para nuestras amistades se reduce considerablemente, y a no ser que saquemos tiempo para esas amistades, se quedan tristemente a medio camino.

Es importante de quién nos rodeamos. Importa porque las amistades forman la base de nuestra brigada de apoyo, la compleja red de personas con las que tenemos una relación por elección propia. Aquellos a los que ofrecemos apoyo y que nos lo ofrecen a nosotros.

Es importante porque nos influyen; las personas nos pueden enaltecer, inspirarnos, motivarnos, apoyarnos y ayudarnos a conseguir nuestros objetivos. Pero también pueden agotarnos, debilitarnos, ser una fuente de conflicto y rivalidad, reprimirnos, afectar a la confianza en nosotras mismas y crear problemas indeseables en nuestras vidas.

Es importante porque esas personas influyen en nuestras decisiones, nuestras acciones, nuestros pensamientos y nuestros sentimientos. Estamos más influenciadas por los demás de lo que pensamos.

Las personas que nos rodean pueden ser de gran ayuda para nuestros planes de *self-care*.

ALGUNOS DE LOS ROLES CLAVE DE LA BRIGADA PUEDEN SER:

El Motivador

Todos necesitamos un motivador en la vida, una persona con un gran corazón que sacuda sus pompones, nos anime, nos dé apoyo y crea en nosotras incondicionalmente. El Motivador entiende lo que es importante para nosotros, invierte en nuestros sueños y hace que nos sintamos capaces de cualquier cosa.

Cuando nos atormenta la baja autoestima y hemos escuchado todas las razones por las que no podemos hacer alguna cosa, el Motivador, amablemente, nos enseña todas las razones por las que sí podemos y lo conseguiremos.

Su energía y su actitud son contagiosas; incluso cuando no estamos a su lado, nos sentimos apoyadas, iluminadas, más seguras de nosotras mismas y como si todo fuera posible.

El Motivador será el primero en celebrar los buenos momentos con nosotras, pero también estará allí en un santiamén para ayudarnos a salir de la oscuridad aumentando la esperanza y la valentía.

El Inspirador

Cuando estamos inspiradas, sentimos la llamada de actuar, de ir con la cabeza bien alta y defender aquello en lo que creemos. Es el fuego que sentimos en el estómago el que nos impulsa a hacer algo.

Ese «algo» puede ser cualquier cosa: perseguir nuestros sueños, avanzar en los tiempos difíciles, hacer

«Las personas que nos rodean pueden ser de gran ayuda para nuestros planes de self-care.»

campaña, votar, pedir cosas, escribir, ser lo que sea que queramos ser y hacer lo que queramos hacer.

Cuando estamos rodeadas de personas inspiradoras, no podemos evitar que nos arrastren con su energía. No solo atraviesan las fronteras del cielo, sino que las derriban: los obstáculos se convierten en bumstáculos. Plan de acción, ¿qué plan de acción? Las personas inspiradoras trazan su propio camino, negándose a que las etiqueten o las encasillen. Como amigos, son generosos y también comparten sus experiencias; comparten con pelos y señales sus adversidades y les encanta contestar a preguntas sobre cómo superarlas.

Parece que el Inspirador se sienta cómodo con quien es porque es «dueño» de sus vulnerabilidades, ya que es muy consciente de su existencia y no le importa hablar de ellas; sin embargo, no dejará que estas vulnerabilidades lo limiten.

El Payaso

El amigo extravagante, bonachón y divertido que nos da inyecciones de ánimo y que nos tiene todo el rato riéndonos como si fuéramos hienas.

El tiempo vuela junto a esa persona, y siempre que nos vamos de su lado nos sentimos más ligeras y con agujetas en las costillas de tanto reír. Nos saca nuestro lado divertido, nos mantiene con los pies en el suelo y estamos deseando que nos divierta con sus ocurrencias, con sus bromas y buen rollo.

Para nada superficiales, estos amigos simplemente amplifican el lado positivo de la vida. Nos sentimos a salvo cuando estamos con ellos porque sabemos que nunca se pasarán de la raya con su humor; nosotras no somos el blanco de sus bromas, sino que solo nos hacen partícipes de ellas.

Las risas son un bálsamo y fluyen libres cuando estamos con este tipo de amigos. Nunca es algo forzado, no tienen que intentar ser graciosos; simplemente lo son, y nosotras nos sentimos aún más graciosas cuando estamos con ellos.

El Empatizador

Simplemente lo pillan, sea lo que sea. Nos sentimos comprendidas, cuidadas y escuchadas cuando estamos con este tipo de amigos. Se ríen con nosotras y lloran con nosotras, dotados de la facilidad innata de conectar con nuestro sufrimiento.

Sabemos que hemos pasado tiempo con un receptor empático porque nos hemos abierto con facilidad, hemos hablado de nuestras vulnerabilidades y de nuestro sufrimiento y hemos notado una profunda conexión, sin ninguna traza de juicio ni crítica. Estar con un Empatizador es como estar envuelto con un enorme edredón: nos sentimos a salvo, reconocidas y apoyadas.

También extraordinariamente perceptivo, a veces el Empatizador hará de abogado del diablo, abriéndonos una ventana hacia una perspectiva distinta.

El Desafiador

Nosotras somos totalmente responsables de nuestras acciones, pero cuando compartimos nuestros objetivos con nuestros amigos, nos pueden ayudar a permanecer en el camino que nos llevará a conseguir esos objetivos.

El Desafiador hará todo lo que esté a su alcance para que mantengamos nuestro compromiso: cuestionará nuestras acciones y decisiones si parece que nos estamos desviando, y nos hará cualquier otra pregunta que necesitamos que nos formule. Este tipo de amigos nos ayudan a salir de nuestro propio camino.

Hay un cierto grado de confianza y confidencialidad con estos amigos, a lo cual le damos mucha importancia.

UM...

ESPERA UN MOMENTO...

¿Y QUÉ PASA CON TODAS LAS QUE ESTAMOS SOLAS, AISLADAS Y QUE NO TENEMOS NINGUNA BRIGADA?

Las amistades no siempre llegan fácilmente: pueden ser bestias complicadas. Tal vez nos haya costado siempre encajar con los demás; tal vez nuestras amistades no hayan soportado el paso del tiempo; tal vez nuestras amistades hayan quedado dañadas y ya no se pueden arreglar; tal vez se hayan agrietado y tengamos que repararlas, pero nadie está dando el primer paso; quizá hayamos abandonado amistades o hayamos intensificado las grietas que ya estaban allí a causa de alguna enfermedad de salud mental. También puede que nuestras amistades se hayan desvanecido gradualmente hasta convertirse en tan solo conocidos.

A veces nos encontramos a la deriva, solas y aisladas. Esto puede ser porque estemos lejos de casa, se haya roto una relación, estemos en medio de una tormenta de conflictos, sin trabajo, trabajando desde casa, porque tengamos problemas de movilidad o porque estemos aisladas emocionalmente a causa de alguna enfermedad.

Nos podemos sentir aisladas y solas cuando hace mucho tiempo que no vemos o hablamos con nadie, pero también nos podemos sentir solas cuando estamos rodeadas de otras personas, especialmente cuando nos sentimos incomprendidas o abandonadas. Estar sola no es lo mismo que sentirse sola. A veces realmente disfrutamos de estar solas y necesitamos nuestro propio espacio.

Sentirse sola duele, tanto si se trata de un sentimiento fugaz o prolongado como si es consecuencia de la situación en la que nos encontramos. Duele mucho. Es angustiante y doloroso porque proporciona espacio a esos pensamientos negativos para que críen como conejos; esos desagradables pensamientos que nos dicen que somos incompetentes, inútiles, desagradables, que algo de nuestra naturaleza debe de estar mal para que acabemos solas y que nadie nos eche de menos si desaparecemos.

Si no tenemos a nadie que defienda nuestra posición o que desafíe la perspectiva negativa que tenemos de nosotras mismas, nos quedaremos encerrados en un círculo vicioso, un círculo que daña nuestra salud mental y física. Acabarán poniéndonos nerviosas las interacciones sociales; nos lo pensaremos dos veces antes de tenerlas, las evitaremos, convencidas de que no tenemos nada que ofrecer, y a la vez nos sentiremos cada vez más incómodas, tendremos miedo al rechazo y dudaremos de nuestras habilidades sociales. Este círculo vicioso merma aún más nuestra ya tocada confianza en nosotras mismas, lo cual, a su vez, nos hace quedarnos solas.

No siempre lo asociamos, pero la soledad crónica puede afectar a la salud; estamos programadas para progresar cuando nos sentimos respaldadas, conectadas y en el extremo receptor de la empatía. Cuando nos falta la conexión social que necesitamos, nuestra salud se ve afectada. La soledad contribuye al declive cognitivo, afecta nuestra longevidad, pone nuestro sistema inmunológico bajo presión, nos altera el sueño y aumenta el riesgo de enfermedades relacionadas con el estrés.

Es aterrador.

Se necesitan carretadas de valentía, autocompasión y disciplina para romper ese círculo, pero hay cosas que podemos hacer para liberarnos de él. Nadie se merece estar solo, pese a lo que nos digan esos pensamientos negativos. Llevarnos la peor parte de la autocrítica y flagelarnos son maneras cien por cien seguras de mantenernos en el círculo del que queremos escapar tan desesperadamente. Estas son algunas maneras de escapar:

ENCUENTRA GENTE CON LAS MISMAS AFICIONES

Es más fácil conectar con alguien cuando se ha establecido un interés común; esto aparta el foco de la charla trivial y no requiere que se te dé bien romper el hielo. Hay grupos organizados para todo tipo de aficiones, desde los más comunes hasta los más especializados, tanto online como presenciales. Tanto si te apetece recuperar antiguos pasatiempos que disfrutaste en el pasado, probar alguno nuevo o aprender una nueva habilidad, los cursos, los clubes y los grupos pueden ser un atajo fantástico para hacer nuevos amigos y entablar amistades sobre la base natural de los intereses compartidos.

PLANTÉATE TENER UNA MASCOTA

Si es algo factible y no te importa la responsabilidad que esto conlleva, adquirir una mascota como un gato o un perro es una manera de paliar tanto el aislamiento como la soledad. Aparte del amor incondicional y de la compañía que nos dan nuestras mascotas, también son una buena forma de arrancar conversaciones con otros propietarios de mascotas. Si tener una mascota propia no es una opción en tu caso, puedes ofrecerte para sacar a pasear el perro del vecino o incluso a cuidárselo de forma ocasional.

APROVECHA EL ESPÍRITU COMUNITARIO DE LAS REDES SOCIALES

Las redes sociales son una ventana al mundo exterior, pero también pueden llevarnos al aislamiento y pueden hacer sentirnos aún peor acerca de nuestras circunstancias actuales. La manera como nos hacen sentir es lo que determina si para nosotras es un acto de autocuidado en el que deberíamos entrar o no.

Y esta es la mejor parte de las plataformas de redes sociales: podemos entrar y salir de ellas cuando nos apetezca. También podemos seguir a personas con intereses similares e interactuar con ellas; a veces nos sentimos más cómodas contactando con un desconocido y empezando una conversación online que cara a cara. Facebook tiene grupos que fueron creados para ayudar a juntar personas que están pasando por problemas similares y aprovechar el apoyo de otros. Hay grupos para quienes se sienten solos, grupos para aquellos con enfermedades mentales, grupos para quienes están de luto, y muchos más.

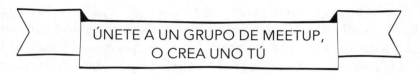

ÚNETE A UN GRUPO DE MEETUP, O CREA UNO TÚ

<Meetup.com> es una magnífica red de miles de eventos o grupos locales. Si tienes una afición, o estás pasando por un problema, lo más probable es que Meetup tenga un evento/grupo para ti. Hay grupos para corredores, escritores, surfistas, amantes de las manualidades o de los juegos de mesa, noches de cine, clubes de lectura, personas que trabajan juntas en campañas políticas y sociales, personas que están solas, personas tímidas, grupos de apoyo para la ansiedad, para la depresión, para el cáncer... y si el grupo que buscas no existe, puedes crearlo tú.

HAZTE VOLUNTARIA

Hay organizaciones por todo el mundo que piden ayuda a gritos, y ejercer de voluntaria para estas organizaciones es una forma de ayudar a más gente. Hacer de voluntaria es tan beneficioso para el voluntario como para la organización. Al facilitar y perpetuar la labor de algunas increíbles causas sociales, podemos beneficiarnos a título personal, ya sea viviendo nuevas experiencias, adquiriendo nuevas habilidades y cualificaciones, dándole sentido a nuestra vida, cultivando amistades, abriendo la puerta a nuevas trayectorias profesionales y estimulando nuestra confianza.

CREA UN BLOG

Un blog es un rincón de internet que es nuestro y solo nuestro. Podemos decidir qué queremos escribir, cuándo queremos escribirlo y qué cantidad de creatividad le queremos poner. Además, son gratis y relativamente sencillos de configurar. Hay blogs de todo tipo: lo único que tenemos que hacer es decidir sobre qué nos gustaría escribir y ponernos a ello. Un blog puede funcionar como desagüe de nuestros pensamientos, como diario personal que registra nuestro progreso hacia un objetivo o afición personal, o simplemente puede ser una colección de nuestros temas favoritos. Cuando creamos algo que nos importa, surge una sensación de orgullo. «Constrúyelo y ellos ya vendrán» no podría ser una frase más acertada para la comunidad bloguera; habrá gente que realmente estará interesada en lo que tenemos que decir y es una manera estupenda de encontrar nuestra tribu, crear una comunidad de los nuestros y conectar con gente de todo el mundo.

¿Quién te anima?

¿Quién te limita?

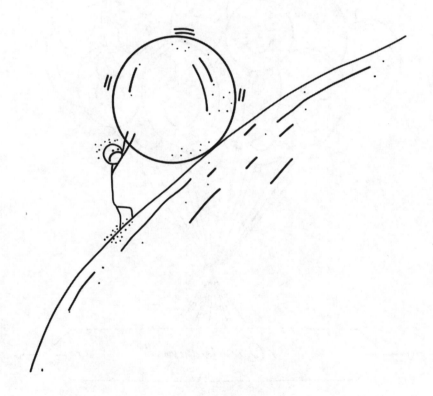

¿Qué te falta? ¿Qué apoyo necesitas?

9. Qué hacer cuando se nos va la magia de cuidarnos (porque esto pasará)

«Mantener la motivación es un proyecto en constante desarrollo.»

¡Toma! Ya tenemos dominada toda la parafernalia del *self-care*; ya hace semanas que lo hacemos y nos vamos contoneando por la vida con una poderosa energía. ¡No podemos creernos que tardáramos tanto en empezar! Estamos triunfantes y orgullosas.

Y luego nos despertamos un día y, sin ningún motivo aparente, nos estampamos contra un muro. El periodo de enamoramiento se ha acabado. Nos hemos desanimado. Ha vuelto la sensación de malestar a nuestro estómago y nos está arruinando esos planes que habíamos diseñado con tanto esmero.

El autocuidado vuelve a ser un desafío.

Vaya.

Esto no lo veíamos venir...

La magia o la motivación son algo hermoso. Cuando estamos motivadas, nos sentimos fuertes, llenas de energía, decididas, inspiradas, entusiasmadas y satisfechas. Cuando empezamos algo que nos motiva mucho empezar, es pan comido.

Pero cuando la eufórica ola inicial de motivación entra en declive, esa es otra historia.

La motivación puede ser escurridiza; un momento la tenemos en las manos y al siguiente ha desaparecido de nuestra vista. Tenemos que dar por hecho que nuestra motivación se ausentará sin permiso de vez en cuando; los altibajos de la motivación y la naturaleza perturbadora de la vida implican que tenemos que recargar constantemente nuestra motivación. Cuando nuestra motivación se desmotiva, surge un sentimiento de separación, frustración y abatimiento; nos sentimos atascadas en un surco. Todo nos parece más difícil de lo que era antes. Hemos perdido el ímpetu.

Perder la motivación no es algo tan sencillo como decir: «La he perdido y tenemos que encontrarla». Nuestra motivación puede flaquear por muchos motivos. Saber que flaqueará es ya la mitad de la batalla. La otra mitad es permitir que nuestra atención plena nos ayude a aislar el actual episodio de bajón para fomentar el retorno de nuestra motivación.

Mantener la motivación es un proyecto en constante desarrollo. Si podemos identificar por qué (siempre volvemos a nuestros porqués) se fue, entonces podremos entender dónde encontrarla para poder dar los pasos necesarios para recuperarla otra vez.

ESTAMOS AGOBIADAS

Si nos hemos limitado a añadir el autocuidado como otra cosa más aparte de todo lo que hacemos, en vez de sustituirlo por otra cosa, podemos derrumbarnos a causa del peso que conlleva todo eso.

La motivación puede ser el combustible para cohetes que nos lleva a lograr cosas extraordinarias; es lo que nos ayuda a sentirnos superhumanas, como si pudiéramos comernos el mundo. Y podemos, pasito a pasito. La motivación nos propulsa, nos da ese entusiasmo adicional; también puede agregar una sensación de urgencia que nos puede llevar a cargar con demasiadas cosas, demasiado rápido. Con tanto entusiasmo nos damos cuenta de que hemos ido en plan «¡venga, dale!», asumiendo demasiadas cosas a la vez, y tal vez hayamos intentado abarcar demasiado apretando poco.

Es una manera rápida de que se nos agoten las pilas de la motivación.

Cuando estamos abrumadas, estresadas, cansadas y exhaustas, nuestra motivación ya se ha dado el piro. Es tentador seguir adelante, presionar más esperando que vuelva la motivación, pero rara vez vuelve, y lo más probable es que esto nos lleve al agotamiento.

«Es importante parar, ni que sea un ratito.»

¿Cuál es la buena noticia? Que la semilla de la motivación sigue ahí, nuestro interés sigue despierto, pero simplemente hemos emprendido el camino desde la casilla de salida un poco inquietas, y es probable que la seguridad en nosotras mismas haya quedado tocada en el proceso.

Es importante parar, ni que sea un ratito. Tomarnos un momento para desconectar, para simplificar las cosas como podamos, para bajar el ritmo y darnos la oportunidad de recalibrarnos. También tenemos que tomarnos un momento para reflexionar sobre lo lejos que hemos llegado. Cuando solo miramos hacia delante, hacia dónde queremos llegar, rara vez nos permitimos regodearnos en nuestro magnífico progreso. Una vez llegamos adonde queremos, tendemos a mover la meta más lejos, para esforzarnos aún más, para seguir desafiándonos; pero también es importante celebrar nuestros avances y darnos una palmadita en la espalda. Nuestras experiencias pasadas también pueden enseñarnos valiosas lecciones, que solo vemos con claridad vistas en retrospectiva, lo que a su vez solo se logra con la observación.

TENEMOS MIEDO

Nuestro viejo amigo (¿o enemigo?), el miedo, nos está aguando la fiesta. Justo cuando pensábamos que le habíamos pillado el truco al asunto, el miedo nos da un golpecito en el hombro y nos pregunta: «¿Estás segura de que esto es lo que quieres?». Es una pregunta trampa, cargada de baja autoestima, inseguridad y falta de confianza en nosotras mismas.

El miedo puede ser un motivador tremendo, pero también puede frenar la motivación en un periquete.

Habrá veces, claro está, en las que el miedo será nuestro mayor aliado, pero se trata de veces contadas, porque no pasa a menudo (bueno, desde luego no es lo que esperamos) que estemos frente a un gran peligro y necesitemos que se active el instinto de lucha o huida. Cuando estamos motivadas por el miedo, nos impulsa la adrenalina, la capacidad inherente de sobrevivir. Nos motiva lo que no queremos que pase, y esto nos estimula. Puede ser un tipo de motivación tensa, una motivación que no siempre se tiene en cuenta ni se planea. Es instintiva, primaria.

El miedo puede mantenernos a salvo, claro está, pero a su vez es también un lastre, ya que activa el instinto de lucha o huida cuando es innecesario. El miedo puede aturdirnos y paralizarnos. Es la herramienta integrada que tenemos para sopesar los riesgos que percibimos. Cuando la sirena del miedo se dispara, empezamos a cuestionarnos cuál es el camino hacia delante y a dudar de nosotras mismas.

El miedo puede convertirse en un obstáculo gigante en medio del camino e impedirnos alcanzar hitos extraordinarios. Y aquí es donde nos debilita momentáneamente. Pero cuando nos aventuramos hacia un territorio desconocido, el miedo es un acompañante constante, nos da la lata. Nunca se va, tan solo aprendemos a evaluarlo y a llevarlo con nosotras sí o sí. Con cada pasito que damos al lado del miedo (siendo el diminutivo «pasito» la palabra clave), más fuertes nos hacemos con el tiempo.

ESTAMOS EN UNA ENCRUCIJADA

Llevamos un tiempo deambulando sin rumbo y, de repente, nos encontramos con una decisión que tomar. No se trata de una decisión insignificante, sino de una gran decisión que podría cambiar el rumbo de nuestra vida.

Al no saber qué camino tomar, nos hemos pasado bastante tiempo escuchando las razones a favor y en contra de cada opción, hemos sido abogadas del diablo hasta enloquecer, hemos pedido opiniones a todo el mundo y a sus perros, y hemos cubierto todos los puntos de vista con un detalle infinitesimal. Y, aun así, estamos confundidas.

Los datos que hemos acumulado no nos han ayudado. Para nada. Más bien al contrario, han aumentado la indecisión y la confusión. Estamos verdaderamente atascadas. La motivación está sentada entre bambalinas hasta que tomemos una decisión.

Estamos atrapadas en el tiempo.

Delegar la decisión también es un plan B horrible, solo nos proporciona alguien a quien echar la culpa si todo va mal. Nos desempodera. Podemos recurrir a las experiencias y conocimientos de otros, pero la decisión y la responsabilidad son básicamente nuestras.

Cuando nos encontramos vacilando de esta forma, a menudo es porque nos falta claridad acerca de cómo queremos que sea el resultado. Atrapadas en el momento presente, sintiéndonos perdidas, perdemos también de vista el panorama general: ¿estas opciones nos llevan adelante o nos alejan de nuestros sueños? ¿Hacia qué resultado estamos apuntando? ¿Alguna de estas opciones nos lleva allí?

Si podemos ganar un poco de tiempo para clarificarlo, el camino normalmente se presentará solo. Quizá ninguna de las opciones respalde el resultado que queremos y no pasa nada. No tomar ninguna decisión puede ser ya una decisión si se trata de algo intencional y no es una forma de procrastinación.

Si nada te parece bien, tal vez haya otra opción esperando a ser descubierta.

HEMOS CAMBIADO

Cuando sintonizamos con cómo nos sentimos (la base del *self-care*), nos hacemos cada vez más conscientes de lo intercambiables que son estos sentimientos. El paisaje en constante cambio requiere flexibilidad y modificaciones.

Lo que nos estaba bien antes no siempre nos parecerá bien. Cambiamos, evolucionamos y crecemos. Lo que antes nos motivaba puede que ya no nos sirva de motivación. Puede que esos motivadores hayan quedado obsoletos.

«Nos está permitido cambiar de opinión, cambiar de rumbo.» Hay dos cosas de las que podemos estar seguras: la vida es fugaz y los cambios, inevitables. Cada día que alguien nos secuestra (o a veces nosotras mismas) para que nos mantengamos igual, es un día menos que tenemos para vivir la vida como la querríamos vivir. Cambiar de opinión no significa que seamos extravagantes o poco fiables. No tenemos que disculparnos por quienes somos.

La vida es un proceso transformativo; está pensada para ser así. Desde el día en que nacemos hasta el día en que morimos, tenemos acceso a nuevas experiencias, nuevas perspectivas, nuevas culturas, nuevas personas y nuevas lecciones.

Nos está permitido cambiar de opinión, cambiar de rumbo, dejar atrás relaciones, dar un giro de 180 grados a nuestros pensamientos y creencias, ir contra las reglas de otra persona, forjar nuestro propio camino, liberarnos de las expectativas y limitaciones ajenas, modificar los términos, experimentar y empoderarnos. Se nos permite ser diferentes; no solo ser distintas a los demás, sino también ser distintas a como éramos antes. También nos está permitido quedarnos igual, si es eso lo que elegimos.

Si nuestras motivaciones ya no nos sirven, tenemos que hacer una limpieza de nuestros elementos motivadores; la solución la encontraremos dándonos espacio para reflexionar qué ha cambiado y qué necesita cambiar, reevaluando nuestro compromiso con hábitos arraigados y encontrando un nuevo equilibrio.

LO ESTAMOS HACIENDO POR LOS MOTIVOS EQUIVOCADOS

Habrá veces en las que nos encontraremos en un terrible apuro: estaremos motivadas por las razones equivocadas. Esta es la motivación más difícil de aplicar porque, para empezar, seguramente no nos salió de dentro. Es algo similar a intentar hacerle un puente a un coche que tiene la batería equivocada: no llegaremos muy lejos.

La motivación puede venir por un sentido de obligación: hacemos algo porque tenemos la sensación de que es lo que tenemos que hacer (esa maldita Ley del Debería otra vez) y no necesariamente porque lo queremos. En el terreno del *self-care*, esto pasa normalmente cuando no hemos pasado suficiente tiempo entendiendo nuestras necesidades y hemos adoptado las prácticas de autocuidado de otras personas. Simplemente estamos imitando. Y eso es algo que nos parece repulsivo desde el principio.

Al intentar seguir al montón, estamos motivadas por criterios poco convincentes basados en lo que es el éxito para otras personas, en vez de basarse en lo que realmente nos importa. La motivación es tan efímera como los bienes materiales con los que definimos el poder, el éxito y los valores.

Cuando la motivación nace de la manipulación o presión de los demás sobre nosotras, tenemos la sensación de que nos han maniatado y de que estamos viviendo una mentira. Estamos incómodas, llenas de resentimiento y reacias a continuar.

La motivación basada en los remordimientos viene de un lugar repugnante y juega con nuestros miedos, con lo que percibimos como nuestros defectos y con nuestra ansiedad. Puede que estemos motivadas por los remordimientos cuando nos han humillado y sentimos como si de algún modo fuéramos defectuosas. Esta motivación no es sostenible sin infligirle un daño más intenso a nuestra autoestima, a nuestra confianza y a nuestro sentido de identidad.

También hay veces en que la motivación puede ser contagiosa, y nos arrastra como si fuera una ola. Cuando el entusiasmo inicial se desvanece, a veces nos encontramos inconscientemente en situaciones complicadas de las que queremos salir porque, de entrada, la motivación no era nuestra.

Cuando la motivación se ha ido por patas en estas circunstancias, es como una bandera roja que nos dice que no lo estamos haciendo de corazón, que nuestras acciones y nuestros valores no están alineados; así que podemos imitar a nuestra motivación y salir también por patas de estas situaciones.

PUEDE QUE ESTEMOS DEPRIMIDAS

¿Y qué pasa si no recordamos la última vez que nos sentimos motivadas para hacer algo? ¿Y si por mucho que lo intentemos, con todos los secretos del oficio, la motivación sigue siendo escurridiza? ¿Y si tenemos la sensación de que estamos caminando por un campo de melaza? ¿Y si nuestro cerebro no quiere cooperar con nosotras?

La depresión es una enfermedad mental debilitante que afecta a todos los aspectos de nuestras vidas. Los síntomas varían en su gravedad y no se limitan a sentirse incompetente, inútil e indigna. El abanico es muy amplio: agotamiento, irritabilidad, confusión mental, entumecimiento, falta de interés por cosas que antes nos aportaban placer, abstinencia emocional hacia los seres queridos, problemas para dormir, energía limitada, aumento de la ansiedad al responder al teléfono, tomar decisiones y abrir el correo, impulsos sexuales alterados, cambios en el apetito y pensamientos inevitables que a veces pueden llevar a la autolesión o al suicidio.

Es una enfermedad traicionera, que entra sigilosamente en cada uno de nuestros pensamientos, nuestras acciones y nuestros movimientos. Es mucho más que la tristeza o que pasar por malos momentos. Es una cinta transportadora de emociones y sentimientos cambiantes; de estar superalerta a lo que te rodea y a la vez cegada a ello; de desear intensamente el amor y la aceptación, pero a la vez rechazarlos; de tener un cerebro que no para, pero que a la vez parece que no acabe de funcionar; es preocuparse demasiado y a la vez no preocuparse por nada. Es el esfuerzo hercúleo de salir de la cama. La inmensidad de las tareas que antes emprendíamos con el piloto automático. Es el bullicio del mundo mezclado con el bullicio de los pensamientos que nos hacen desear que existiera un botón de silencio. No es una enfermedad que podamos dejar, por mucho que lo intentemos. Y tampoco podemos dejarla por vergüenza, por la fuerza ni porque nos acosen. No funciona así. La distancia entre donde estamos nosotras y donde nos parece que están los demás es un abismo escarpado. Y también nos parece innavegable.

«El autocuidado es la némesis de la depresión.»

Es difícil cuidar a alguien, apoyarlo, cuando no nos gusta ese alguien. Esto es lo que nos hace la depresión: nos roba la identidad y nos enfrenta a nosotras mismas.

«Cada microacción de autocuidado es una manera de hacerle un corte de mangas a la depresión.»

El autocuidado tiene un sentido de futilidad, como si estuviéramos luchando en una batalla que estamos perdiendo y aguardando el momento en el que se acabe.

Pero el autocuidado es la némesis de la depresión. No hay duda alguna.

A la depresión no le interesa que nos cuidemos porque esto reduce el poder y el control que tiene sobre nosotras. Cuando nos sentimos tan fuera de control, son las pequeñas acciones de autocuidado las que nos aportan control, aunque sea brevemente. Le enseñan a la depresión que por muy inestable que sea nuestro agarre, aún tenemos las riendas; estamos al mando. El *self-care* le demuestra a la depresión que aún existimos, a pesar de su aplastante presencia. Cuando las acciones de autocuidado se combinan, se convierten en la base desde la que crece nuestra fortaleza y nuestra esperanza, y nuestro sentido de identidad se restaura. Cada microacción de autocuidado es una manera de hacerle un corte de mangas a la depresión; es una microbatalla ganada incluso cuando parece que las cosas se nos hayan amontonado en contra. Nunca tenemos que olvidar que somos suficiente tal y como somos, incluso cuando no estamos bien. Tenemos todo lo necesario para ganarle la batalla a la depresión. Podemos hacerlo y lo haremos. A paso de tortuga, sí, pero indiscutiblemente y sin ninguna duda.

Plantéate esto: ¿Qué consejo le daría tu yo futuro a tu yo actual?
Anótalo en este recuadro.

Recuerda que el perro viejo, si ladra, da consejo.

Haz una lista de las cosas que
te reconfortan en los días difíciles:

- ◯
- ◯
- ◯
- ◯
- ◯
- ◯
- ◯
- ◯
- ◯
- ◯

Mi declaración de autocuidado:

Prometo:

_____

Recordaré:

_____

Siempre, especialmente en momentos de estrés
o incertidumbre, voy a:

_____

_____

Intentaré con todas mis fuerzas:

_____

Elegiré la bondad. Siempre.

Firmado: _____ .

10. Self-care de emergencia

Habrá veces en que la vida nos dará una paliza y nos dejará de rodillas en el suelo, y no tendremos espacio mental para sopesar qué puede ayudarnos. Aquí tienes algunas sugerencias de actividades de auto-cuidado que pueden ayudarte en estas situaciones en las que el *self-care* sea una «emergencia».

Self-care para cuando tenemos ansias de confort

Nos dicen que la magia llega cuando salimos de nuestra zona de confort. Pero ¿y la magia que sucede cuando estamos dentro de nuestra zona de confort?

Hay veces que estamos afligidas, hemos perdido a un ser querido o estamos experimentando sufrimiento, y hemos tenido tantos cambios fuera de nuestra zona de confort que estar dentro de esta zona es exactamente lo que necesitamos durante un rato.

La seguridad reconfortante y tranquilizadora del confort nos tranquiliza y nos devuelve la fuerza, nos da espacio para evaluar la situación y permite que la tensión se disipe. Esto nos sirve para bajarnos de la rutina incesante de la vida. Ahora vamos a cerrar la puerta con pestillo, colgar el cartel de «no molestar», poner nuestros teléfonos en modo avión y hacer un retiro de confort.

CÓMO CREAR EL MEJOR RETIRO DE CONFORT

1 BUSCA EL CALOR
Un retiro no es un retiro sin un poco de calor para calmarnos y nutrirnos. Hay algo gratificante acerca de acomodarnos en el calorcito. Bolsas de agua caliente, baño caliente de burbujas, mantas, edredones, amigos peluditos, sábanas limpias, una bebida caliente, un par de calcetines de lana bien calentitos y un jersey bien grandote: todo ello nos da una sensación de calor y amabilidad.

2 EVÁDETE
Las realidades de la vida no siempre son agradables. El aburrimiento, el miedo y el sufrimiento pueden superarnos un poco. Querer escaparnos de ellos, entendiendo completamente que tendremos que volver en algún momento, es totalmente normal. Todas nos sentimos así a veces; queremos alejarnos de la realidad y estar distraídas. Olvidar nuestro problema, ni que sea un ratito, perdernos en un libro, en una película, en una comedia o en un videojuego.

3 VACÍA LA MENTE
Tener una libreta y un boli a mano nos permite desahogarnos y vaciar la mente de preocupaciones, pero también capturar cualquier idea o solución que nos pueda surgir.

4 HAZ CUALQUIER COSA AL HORNO

El olor a producto horneado casero, el proceso de elaboración, la nostalgia, la deliciosa degustación...

5 CREA AMBIENTE

Lo que nos rodea y aquello a lo que nuestros sentidos tienen acceso puede alterar cómo nos sentimos. Puede crearse fácilmente un ambiente reconfortante utilizando velas aromáticas, lucecitas, espray de almohada y ambientadores, difusores y flores.

6 BUSCA EL CONFORT

A veces el confort que buscamos es el confort en compañía de otros. Compartir nuestras preocupaciones con alguien en quien confiamos puede ayudarnos, tanto si el objetivo es buscar consejo, desahogarnos o sacarlo todo de nuestra mente. Quizá las personas en las que busquemos confort no siempre sean amigos; pueden ser profesionales, como los samaritanos.

Self-care para cuando la vida nos lanza limones

Todas hemos tenido «esos» días que se acaban convirtiendo en dos, quizá tres, posiblemente una semana, un mes, un año..., un periodo de tiempo en el que parece que la vida nos esté lanzando limones sin parar. Una etapa vital caótica que pone a prueba, hasta el límite, nuestra capacidad de resolver problemas. Todo lo que podría ir mal va mal. Estamos más que estresadas. Estamos desesperadas. Hechas trizas.

Resolver problemas requiere capacidad mental, valentía y resiliencia. Es difícil levantarnos una y otra vez, y otra y otra. Nuestra reacción instintiva es seguir adelante, pero rara vez se esfuma todo sin que tengamos que redirigir el barco:

1 FOMENTA LA AUTOCONFIANZA

Lidiar con un problema tras otro es agotador; nos desalienta y, dependiendo de nuestras experiencias vitales, puede que no nos sintamos preparadas para lidiar con ellos.

Podemos hacerlo, de verdad que sí. Nos parece que no es posible, ya que nos da la impresión de que todos los platos están girando descontrolados, o que se estrellan, pero tenemos todo lo necesario para salir de esta.

Ya hemos pasado por etapas difíciles antes, y las hemos superado, incluso cuando pensábamos que no lo conseguiríamos.

Lo curioso es que a cuantos más problemas nos enfrentemos, más preparado se sentirá nuestro yo futuro para lidiar con los obstáculos que se nos presenten en el camino. Esta es una de las jugarretas crueles de la vida: superar problemas aumenta la confianza en nosotras mismas y nuestra resiliencia.

2 JUEGA CON LOS SENTIDOS

Mientras nos enfrascamos como ninjas en resolver problemas, estamos poniendo a prueba nuestra energía y capacidad mental. Es importante que dejemos de ser ninjas de vez en cuando para recargar esos depósitos, para recobrar el aliento y descansar.

Los problemas siempre parecen más grandes de lo que son cuando estamos en medio del bofetón. Buscamos la solución desesperadamente, y va ella y se presenta cuando estamos haciendo algo completamente distinto: preparando la cena, leyendo un libro o duchándonos. Cuando tomamos distancia del problema, damos la oportunidad al cerebro para que lo digiera, para que ate cabos y encuentre una solución. Nuestra mente trabaja para nosotras, pero solo si le damos la oportunidad de hacerlo.

Podemos dar un descanso bien merecido a nuestro exhausto cerebro con ayuda de nuestros sentidos; enciende una vela aromática, sal fuera y huele flores, date un baño, acurrúcate bajo una manta, tómate un delicioso tentempié, escucha música, mira una película o respira aire fresco.

3 BUSCA LA OPORTUNIDAD

Puede parecer que los problemas ensombrecen notablemente la vida y ser un auténtico fastidio. Nuestros cerebros prefieren lo conocido a lo desconocido. Cuando nos tiran lo desconocido a la cara, nos paralizamos y nos vemos desbordadas por una baja autoestima.

Un finiquito nos indica el final de un empleo y, probablemente, el final del sueldo con el que pagábamos facturas. También podría ser el final de trabajar en algo que odiamos, o de tener que hacer las mil maravillas para mantener al gruñón del jefe contento, o de un largo trayecto diario hacia el trabajo. Pero ¿de qué es el inicio? Todos los principios van precedidos por el final de otra cosa.

A veces, un fracaso precede a un descubrimiento. A veces todos esos limones te están poniendo de relieve las cosas que tienes que arreglar y enderezar. A veces los problemas nos enseñan algo importante. A veces tenemos que atravesar la tormenta y esperar la épica fiesta del karma que está de camino.

4 HAZ UNA COSA DETRÁS DE OTRA

Cuando todo va mal a la vez, es lógico que queramos arreglarlo todo de una vez. Cuando todo requiere nuestra atención, no estamos seguras de hacia qué lado tenemos que ir primero; vamos dando vueltas desesperadamente.

Podemos empezar por ordenar un poco nuestros pensamientos, problemas y tareas. Saca todo lo que tienes en el cerebro, ya que te está ocupando un valioso espacio mental; todo sin excepción. Las cosas urgentes, las cosas importantes, los problemas, las tareas, los quehaceres, las obligaciones y los deseos. Cuando tenemos una página en blanco, podemos empezar a priorizar esas cosas, colocando el autocuidado en el primer lugar de la lista. Dedicar tiempo a cuidarnos nos revitalizará para que podamos seguir adelante. Al desmenuzar esa larguísima lista, podemos agrupar las cosas que son urgentes, las cosas que son importantes, las cosas que podemos delegar, las cosas de las que nos podemos olvidar, las cosas de las que tenemos que desvincularnos y las cosas para las que necesitamos ayuda, y luego, actuar en consecuencia.

5 PARA

Siempre nos sentimos mal si paramos cuando la vida nos está obligando a vivir por el carril rápido. Va en contra de todos los instintos y de la presión que sentimos. Apretar el botón de pausa es una acción en sí misma. Las turbulencias no aportan claridad; si tenemos el valor de parar, cuando el mundo nos está exigiendo lo máximo, encontraremos claridad, paz y revelación.

Self-care para madres novatas exhaustas

Nos esforzamos por encontrar tiempo para cuidarnos antes de tener hijos, pero no hay nada que absorba tanto tiempo como un bebé.

No se puede negar: ser madre por primera vez es una jungla de emociones, experiencias y lecciones.

Los consejos bienintencionados nos llegan de todas partes y pueden ser muy contradictorios. Además, se trata de un ser pequeñito que depende de nosotras para satisfacer todas sus necesidades, a cualquier hora del día. Somos novatas, como si no lo supiéramos. La incertidumbre, el peso de la responsabilidad, las noches sin dormir y el factor de improvisación forman una agotadora combinación explosiva. Hay demasiadas cosas que entender.

Nos parece lo más duro que nos ha pasado, pero ahora es más importante que nunca asegurarnos de que nuestras necesidades están satisfechas para poder ser suficientemente fuertes para soportar el peso de esta nueva responsabilidad milagrosa, a la vez que abrumadora.

1 PERDÓNATE

Nos ponemos expectativas respecto a qué tipo de madres seremos mucho antes de que llegue el bebé y tendemos a poner el listón demasiado alto. No tenemos en cuenta las peleas internas, las tareas cuadruplicadas, los vómitos, la cantidad ingente de pañales, lo que solo Dios sabe lo que se me ha quedado pegado en la camiseta, las maravillas que intentamos hacer con una sola mano porque tenemos al bebé dormido en la otra, las sorpresas.

No hay ni una madre en la faz de la Tierra que en algún momento no se haya sentido incompetente, como pez fuera del agua, cansada hasta la médula, puesta a prueba y exasperada. Del mismo modo que no les gritamos a nuestros hijos cuando están aprendiendo a caminar y se tropiezan, no tenemos que flagelarnos mientras aprendemos a ser madres y nos tropezamos. Estamos en una curva de aprendizaje llena de llantos, que es física y emocionalmente agotadora. Cuando nos echamos la culpa, no nos estamos dejando margen para crecer o aprender, sino que estamos desperdiciando la poca energía que tenemos en cosas que seguramente no recordaremos ni que han pasado cuando hayamos avanzado un poquito más por el camino. Lo hacemos lo mejor que podemos y eso es todo lo que cualquier persona nos puede pedir, incluso nosotras mismas.

2 PIDE ESPACIO SI LO NECESITAS
No hay nada como la expectativa de poder dar mimos a un recién nacido para tener a todo el mundo en nuestra casa. Lo último que nos apetece hacer como recién estrenadas madres es acicalarnos para las visitas y ordenar nuestra casa para que esté presentable. Estamos hechas polvo. Necesitamos dormir. Pero nuestra buena educación a menudo nos impide decir que «no» a las visitas y es fácil que nos encontremos un poco abrumadas e importunadas.

La oleada de mensajes y de solicitudes de visitas tiene un carácter bienintencionado; esas personas están emocionadas y encantadas de ver que tanto los padres como el bebé están bien, aunque eso no significa que nos resulte más fácil lidiar con ello. Especialmente si hay costumbres o tradiciones familiares involucradas.

Si todo te parece demasiado, entonces necesitas marcar algunos límites y tener una estrategia a punto. Da prioridad a aquellos que no te importe que te vean en pijama (son normalmente las personas con las que podemos ser nosotras mismas) y pospón la visita del resto. Ya les llegará el momento.

3 PIDE AYUDA

Se dice que hace falta un pueblo entero para criar a un niño, pero ¿qué pasa si no tenemos un pueblo entero? ¿Y si nos hemos encontrado navegando por este paraje solas o con un equipo diminuto? ¿Y si el apoyo que esperábamos recibir no está? ¿Y si no lo estamos sobrellevando?

Como todo en la vida, saber que tenemos a alguien a nuestro lado que nos apoya incondicionalmente estimula nuestro bienestar físico y emocional.

El apoyo que recibimos como madres primerizas suele venir de nuestra pareja, de nuestros amigos y de nuestra familia (si tenemos la suerte de tenerla). También podemos contar con los pediatras y el personal sanitario para ayudar tanto a las madres y padres como al bebé. Si alguno de los progenitores siente que no está recibiendo suficiente apoyo, está experimentando síntomas de depresión o tiene preguntas, tendría que recurrir primero a un profesional de la salud. Esas visitas también son la puerta de entrada a muchas otras fuentes de asistencia, como especialistas, grupos de apoyo (tanto online como presenciales), grupos comunitarios, teléfonos de asistencia, consejeros y otros recursos.

No es fácil pedir ayuda, pero cuanto antes lo hagamos, más rápido llegará. Y nos la merecemos, de verdad que sí.

4 ACEPTA LA AYUDA

Por lo general no nos gusta aceptar ayuda; no queremos incomodar a los demás, no nos gusta sentirnos vulnerables, como si no estuviéramos saliendo adelante, y nunca acabamos de estar seguros de si los comentarios de «avísame si puedo hacer algo para ayudarte» son sinceros.

Se necesita un tiempo para adaptarte a ser madre, para adaptarte a las necesidades cambiantes de tu bebé y para que se establezca algún tipo de rutina.

Las ofertas de ayuda tienden a surgir de la empatía, de la comprensión de que nuestras vidas han quedado patas arriba y de que puede que necesitemos un poco de ayuda. O, por lo menos, un respiro (una ducha, una bebida caliente y una deliciosa comida). Ya tendremos infinidad de ocasiones más adelante para aclimatarnos al té tibio (¡es un gusto adquirido!).

A la gente realmente le gusta ayudar, y tampoco es que estemos pidiendo la luna. Si se cambiaran las tornas, no nos importaría para nada cuidar de un recién nacido mientras sus padres se duchan, no nos importaría llevarles un guiso para que solo tuvieran que recalentarlo para comérselo, y, desde luego, no nos importaría comprar un par de cosas en el súper de camino a su casa.

Aceptar ayuda realmente marca la diferencia. Alivia la presión que sentimos y nos deja un poco de espacio para respirar, algo muy necesario.

5 DEJA A UN LADO LAS COMPARACIONES

Cuando nos ponemos a compararnos con los demás, mejor que nos preparemos para la guerra (para la guerra que vamos a empezar contra nosotras mismas). Todas hemos pasado por eso y nunca acaba bien.

Vivimos en un mundo en el que tenemos muchísimas oportunidades de echar un vistazo a las vidas ajenas. Mayormente a demanda. Las escenas que vemos no siempre son tan reales como parecen; puede que lleven algún filtro, que estén recortadas o fingidas. Simplemente, no lo sabemos. Y, sin embargo, nos las tomamos al pie de la letra. Nos comparamos con esas imágenes y, en consecuencia, nos quedamos con una sensación bastante horrible acerca de nuestra propia persona. Nos cuestionamos sus elecciones, nos cuestionamos nuestras elecciones, comparamos sus elecciones con las nuestras. Cada niño es distinto, cada madre es distinta, cada padre es distinto; cada situación es distinta. Nada es tan fácil como parece. Nadie tiene todas las respuestas. Nunca acabamos de saber lo que está pasando entre bambalinas. Cuando comparamos los momentos más brillantes de otra persona con nuestros peores momentos, siempre estaremos en inferioridad de condiciones.

6 OPTA SIEMPRE POR DORMIR

La falta de sueño es incesante; no da tregua. Ponemos la leche en la basura y los trapos de cocina en la nevera, y ya no sabemos ni como nos llamamos; responderíamos cualquier cosa llegadas a este punto. Podríamos dormir durante días, pero ya sabes, el pitufo necesita que le den de comer, que lo tranquilicen y que le cambien el pañal.

La lucha por dormir es algo real y el impacto que tiene la falta de sueño también es real. Seguramente no lograremos dormir nuestras siete a nueve horas habituales, pero podemos sacarle el máximo partido a los ratos que sí tenemos disponibles para echar una cabezadita energizante.

Siempre que te sea posible, opta por dormir. Opta por dormir cuando el bebé duerma; opta por dormir en vez de hacer las tareas de la casa; opta por dormir en vez de consultar Facebook; opta por dormir en vez de ver Netflix; prioriza dormir por encima de todo lo que puedas porque el sueño es tu amigo. Pide a tus amigos que vengan a visitarte para que puedas dormir, trabaja en equipo con tu pareja para que puedas dormir. Utiliza cualquier recurso que tengas al alcance para ayudarte a dormir: espray de almohada, aplicaciones de relajación, música relajante, leche caliente, persianas opacas, una mascarilla para dormir, una manzanilla...

Y cuando estemos exhaustas y el sueño no llegue con facilidad, tomarnos un tiempo de silencio en la bañera, leer un libro o tomar aire fresco también puede ser reconstituyente.

Self-care para cuando estamos vacías y no nos queda nada más que ofrecer

A veces nos encontramos en un pozo; nuestra motivación nos ha abandonado, nuestros depósitos de energía están agotados, y sentimos todo y nada a la vez. Estamos vacías. Completamente secas.

Esto a menudo trae consigo una sensación de frustración: «¿Por qué no puedo ser más como [insertar el nombre del amigo/a que cuelga todos sus logros por las redes sociales]?».

Una sensación de culpa: «Tendría que estar ayudando a Fulanito y Menganito con todo aquello».

Y de vergüenza: «Hace un año podía hacer esto, aquello y lo otro con los ojos cerrados, y ahora casi no puedo ni salir de la cama».

Cuando nos sentimos vacíos, como si no nos quedara nada más que ofrecer, el *self-care* es fundamental. También lo es cuando más imposible parece (el punto álgido en el que no tenemos ni gota de espacio mental, ni siquiera para plantearnos qué nos podría ayudar a sentirnos mejor). Se nos ha quedado la cabeza nublada, un peso en el corazón y las extremidades cansadas, y, para empeorar aún más las cosas, tenemos la sensación de que el mundo nos ataca, queriendo siempre más y más y más.

El autocuidado se convierte en algo orientado a la supervivencia, y se activa el modo «descanso y recuperación». Todo el resto puede y tiene que esperar.

El *self-care* de supervivencia consiste en hacer el mínimo indispensable para volver a levantarnos. Aparte de asegurarte de que comes regularmente y bebes suficientes líquidos, aquí tienes algunas cosas que te pueden ayudar:

1 ÉCHATE UNA CABEZADITA

Empezar a resarcir el déficit de sueño que sin duda hemos acumulado haciendo malabarismos con todas esas bolas no es holgazanear, de verdad que no lo es. Dormir es una parte imperativa de nuestro bienestar. Cuando dormimos, nuestros cuerpos empiezan a regenerarse. Cuando tengas dificultades para dormir, intenta escuchar música relajante o utilizar una aplicación que emita ruido blanco.

2 SÉ CONSCIENTE DE LOS PENSAMIENTOS NEGATIVOS

Cuando estamos vacías, a veces tenemos una perspectiva distorsionada de nosotras mismas, pero vemos a los demás con unas gafas de cristales rosas. Esto es algo divisivo; se convierte en una cuestión de «nosotras y ellos». Tenemos que intentar ser nuestra mejor amiga, tratarnos con la paciencia y la amabilidad que mostraríamos hacia los demás. Nuestras palabras pueden herir o curar.

3 PIDE REFUERZOS

Que no te dé miedo pedir consejo. Si tuviéramos un amigo en una situación similar, saltaríamos en su ayuda. Ahora nos toca a nosotras. Los amigos pueden ayudarnos cuidando a los niños, preparándonos comida que podamos meter en el microondas y listo, sentándose con nosotras cuando lo necesitamos, ayudándonos con las facturas, y apoyándonos de cualquier otra manera que podamos necesitar.

Esto también se aplica a otras personas que puedan ayudarnos: grupos de apoyo, teléfonos de asistencia, médicos, libros de autoayuda. Cualquiera que pueda ayudarnos a hacernos la vida un poquito más fácil. Cuanto más apoyo tengamos, mejor.

4 HAZ UN RETIRO

Plantéate tomarte un tiempo de descanso del trabajo, de la escuela, de la vida. Canaliza tu tortuga interior y tómatelo con calma, hiberna un poco, reconfórtate con tu edredón y Netflix. Concédete espacio para respirar y recuperarte. Es importante. Y mientras lo hagas, limitar las redes sociales también es una buena decisión: no necesitamos ver los hitos de las vidas ajenas cuando estamos de bajón. No estamos en igualdad de condiciones.

5 SILENCIA EL TELÉFONO

Los móviles pueden ser ruidosos e intrusivos. Plantéate apagar todas las notificaciones: correos electrónicos, redes sociales, WhatsApp, mensajes, buzón de voz, etcétera. En vez de tener que mirar el móvil porque nos lo dice una lucecita o una vibración, podemos mirarlo conscientemente cuando nosotros lo elijamos. Esto nos ayuda a recuperar un poco el control en un mundo en el que es fácil sentir que no tenemos ningún control.

6 RESPETA/SOLICITA CITAS MÉDICAS

El *self-care* a veces consiste en hacer aquello que llevamos tiempo posponiendo. Si tenemos algún problema de salud, pidamos cita con el médico. Vayamos con algún amigo para que nos dé apoyo. Pero vayamos. Vayamos ya. Cuanto antes nos lo miren, antes podremos dejar descansar la mente o podremos recibir ayuda profesional. Todas salimos ganando.

7 DI QUE «NO» MÁS A MENUDO

Ahora nos toca decirnos que «sí» a nosotras. No es fácil decir que «no» a los demás cuando están acostumbrados a que les digamos que «sí», pero nuestro bienestar es nuestra mayor responsabilidad y no lo podemos posponer más. Cualquier cosa que nos haga sentir agobiadas por las expectativas ajenas, así como resentidas, frustradas y enfadadas, es un «no» rotundo. Un «siempre no», no un «por ahora no».

8 RECUERDA LO QUE DISFRUTABAS DE PEQUEÑA

A medida que nos absorbe el torbellino de «ser adultos», nos olvidamos de jugar, de hacer cosas simplemente porque disfrutamos haciéndolas, por placer. Jugar es algo que ocupaba la mayor parte de nuestro tiempo cuando éramos niñas, pero con frecuencia es algo inexistente cuando nos hacemos mayores. Inspirémonos en las cosas que disfrutábamos de pequeñas y planteémonos cómo disfrutarlas ahora. Puede que redescubramos algunas maneras de relajarnos y distraernos.

9 EMPIEZA UN DIARIO PERSONAL

Nuestros pensamientos no siempre tienen sentido; pueden ser crueles, estrepitosos y atroces. Cuando escribimos un diario personal, nos desahogamos y dejamos que se vayan a otra parte. Al ponerlos en blanco y negro, a veces su poder disminuye. Un diario también nos puede ayudar a identificar patrones sobre cómo nos sentimos. Puede que hayamos provocado esos sentimientos cuando estábamos en nuestro punto álgido o cuando estábamos en el fondo del pozo. Un diario también nos puede servir como un recordatorio a tiempo real del progreso que estamos haciendo.

10 CREA TU FRASCO DE POSITIVIDAD

Es muy probable que la positividad nos chirríe actualmente, porque nos cae muy lejos. Puede que los pensamientos negativos sean abundantes, y tengan una gran cantidad de pruebas anecdóticas que expliquen por qué somos inútiles, incompetentes y no tenemos remedio. Esos pensamientos están mintiendo, así que es importante empezar a recolectar pruebas en su contra: las cosas bonitas que nos dice la gente (tanto si estamos de acuerdo con ellas como si no), las cosas amables que nos dedican los demás, las cosas buenas que hemos hecho nosotros, los atisbos de esperanza en una época oscura, nuestras victorias. Anótalas todas y guárdalas. Vuélvelas a leer cuando necesites una dosis de positivismo.

11 ORDENA

Nuestro entorno puede afectar a la manera como nos sentimos, y no hay nada tan estresante como buscar algo que estamos seguros de que hemos visto hace una hora, o sentir vergüenza del caos del espacio en el que estamos. Sin embargo, ordenar puede ser algo abrumador, así que es mejor hacerlo en pequeñas dosis, poquito a poquito. También se puede poner orden a las relaciones, detectando y alejándonos de aquellas que puedan ser tóxicas, estresantes o poco saludables.

12 HAZ LO MÍNIMO INDISPENSABLE

Ahora mismo se trata de hacer lo mínimo indispensable. Si no tienes energía para ducharte, no te presiones; coge algunas toallitas y champú en seco y apáñatelas con eso por ahora. Lo mismo con todas las cosas que sentimos que «deberíamos» estar haciendo. Encuentra el «truquillo», la forma de resolverlo con la mínima cantidad de energía. Ya lo haremos mejor cuando nos sintamos mejor.

Cuando estamos de bajón, tendemos a hacérnoslo pasar mal. Hay una tendencia a querer la aprobación de los demás; al fin y al cabo, en ese momento apenas nos aceptamos a nosotras mismas. Sin embargo, lo que acaba pasando es que nunca salimos de la rueda de hámster vital que nos hace sentir tan mal. Ha llegado el momento de parar, reflexionar y mejorar. Realmente el mundo esperará si se lo pedimos. No hay nada tan valioso, preciado o importante como nuestra salud. No es algo que se pueda comprar con más tiempo o más dinero. No ignores las advertencias que te indican que la vida no está funcionando como debería. Presta atención y tómate tu tiempo para recuperarte. Volverás con más fuerza.

Self-care para cuando estamos asustadas, nerviosas y preocupadas

No es nada agradable sentirse asustada, nerviosa o preocupada. Para nada. Es perturbador, agotador, humillante y debilitante. Estos sentimientos pueden llegar inesperadamente, tirarnos de un bofetón al suelo e interrumpir los planes más escrupulosamente organizados.

Todos hemos experimentado esta sensación y sus efectos devastadores; el nerviosismo que sentimos antes de un examen o de una entrevista de trabajo, la presión que sentimos en el pecho cuando tenemos dificultades para respirar, el revuelo de nervios cuando entramos en un espacio lleno de gente, la avalancha de pánico cuando tenemos que hablar delante de un grupo de personas y los nervios que sentimos cuando estamos preocupados por algo.

A algunas de nosotras, la ansiedad realmente nos arruina la vida: evita que socialicemos, que viajemos, que vayamos al dentista o que salgamos de casa.

Hay algunas cosas que podemos hacer como medidas preventivas, pero también cuando estamos sumidas en estos sentimientos.

1 ESCUCHA MÚSICA

La música es increíblemente poderosa; se ha demostrado que es capaz de aumentar o disminuir nuestros niveles de estrés y nuestro ritmo cardíaco. Nuestros gustos musicales son únicos; solo nosotras sabemos lo que nos tranquiliza, lo que nos anima o lo que estimula nuestra ira. Al crear una lista de reproducción de canciones que nos tranquilizan, podemos estar preparadas para cuando nos arrollan esos sentimientos angustiantes. Si tenemos auriculares, pueden servirnos como una manera de «desconectar» del mundo exterior por unos instantes hasta que todo parezca haber bajado de revoluciones.

2 SÉ AMABLE

Cuando nos sentimos raras o mal, tendemos a echarnos la culpa a nosotras mismas. Nos flagelamos y deseamos ser diferentes. Y esto no nos lleva a ninguna parte. Más bien al contrario, les da alas a esos pensamientos, y ya te digo yo que eso no nos conviene. Sea cual sea la razón por la que nos sentimos asustadas, preocupadas o nerviosas, nunca elegiríamos sentirnos así. Si tan solo pudiéramos ser nuestras amigas en esos momentos, hacer una pausa y ser tan amables con nosotras mismas como lo seríamos con otra persona que estuviera pasando por eso, el momento pasaría mucho más rápido. Seamos amables con nosotras mismas y recordemos que lo estamos haciendo lo mejor que podemos.

3 AYÚDATE A CREAR NUEVOS PATRONES

Si nos encontramos repetidamente marginadas por estos sentimientos y están impactando negativamente en nuestras vidas, podríamos plantearnos algo llamado Terapia Cognitivo-Conductual (TCC). La TCC desafía nuestros pensamientos y nos enseña nuevas herramientas para lidiar con las situaciones que pueden provocarnos miedo e inquietud. Hay plataformas online disponibles, como Living Life to the Full, MoodGym, Beating the Blues o Pacifica, o podemos acceder a este tipo de terapia con un volante médico de nuestro médico de cabecera, o por la vía privada.

4 LIMITA LA CAFEÍNA

El té y el café están inmersos en nuestra rutina diaria y a menudo no les prestamos demasiada atención. Disfrutamos bebiéndolos y también haciendo la pausa que acompaña a esa taza de té o café. Para algunas también es una actividad social. Sabemos que beber cafeína después de las dos de la tarde puede afectar la calidad de nuestro sueño, pero no sabemos que beber cafeína también puede agravar nuestro estado de ánimo. El sentimiento de nerviosismo, ese pico de energía que recibimos con la cafeína, puede favorecer esos sentimientos problemáticos, incrementando el miedo, la preocupación y la ansiedad.

5 TEN A MANO UNA APLICACIÓN MÓVIL

La falta de aire aumenta la intensidad del miedo, de las preocupaciones y de la ansiedad que sentimos. Es aterrador encontrarnos respirando con dificultad, a la vez que puede ser doloroso. Hay mucha gente que nota como si estuviera sufriendo un ataque al corazón cuando está en medio de un ataque de ansiedad.

Para aquellas de nosotras que hemos experimentado ya esa falta de aire, una buena idea es instalarnos algunas aplicaciones en el móvil que nos ayudarán a superar estos terribles momentos. Algunas de las aplicaciones recomendadas son: Flowy, Mindshift, Breathe2Relax y Hear and Now.

6 DISTRAE LA MENTE

Cuando empezamos a percibir cada vez más el rumor de esos sentimientos acercándose, eso actúa a menudo como un catalizador de todos los pensamientos preocupantes, y antes de que nos demos cuenta, nos sobreviene el miedo, el estrés y el pánico.

Si nos podemos distraer con suficiente antelación, podemos amortiguar esos sentimientos antes de que ellos nos amortigüen a nosotras. Repito que, como acostumbramos a llevar los móviles siempre encima, hay algunas aplicaciones fantásticas que pueden ayudarnos con esto: Flow Free, Panic Shield, What's Up?, Stress and Anxiety Companion.

Pero las distracciones también pueden ser cosas físicas que hagamos para alejar de nuestra mente los pensamientos preocupantes. Aquí tienes algunas ideas: hacer calceta, colorear mandalas, hacer rompecabezas, jugar a juegos, garabatear, jugar con un *spinner* u oler aceites esenciales relajantes. Todas estas cosas requieren una planificación previa para asegurarnos de que las tenemos a mano cuando las necesitamos.

Self-care para cuando no podemos dormir

Dormir es fundamental para el funcionamiento de nuestro organismo; es cuando sanamos, crecemos, procesamos el día y recibimos un necesario descanso de todo.

La calidad y la cantidad del sueño pueden verse afectadas por el estrés, la salud, los cambios de vida, lo que hayamos podido comer o beber, los medicamentos y nuestro entorno.

Cuando el sueño se nos escapa, nos sentimos como si el paraíso que es nuestra calentita y cómoda cama nos estuviera rechazando. De repente notamos que la cama no es cómoda, nuestra mente empieza otra vez con todos «esos» pensamientos y la silenciosa soledad que sientes al estar despierta a las dos de la madrugada, cuando estás convencida de que todo el mundo en tu zona horaria está durmiendo, hace que cada segundo te parezca una eternidad.

Das vueltas en la cama en vano. Es penoso.

Vamos a ver algunas maneras de aliviar esa frustración y ayudarnos a volver al país de los sueños.

1 MINIMIZA LA LUZ

La luz, aunque sea muy tenue, puede arruinarnos la calidad del sueño. Nuestros teléfonos emiten una luz azul que inhibe la producción de melatonina. La melatonina es la hormona que nos ayuda a sentirnos adormiladas en el momento adecuado. Cuando esta hormona se inhibe, puede que experimentemos un sueño intermitente. Lo mejor es evitar usar el móvil cuando es hora de ir a la cama y pensar también en cómo podemos erradicar toda la luz de los aparatos electrónicos: la lucecita roja de la tele o del equipo de música en *standby*, y la luz del despertador. Plantéate ponerte una mascarilla si no puedes erradicar por completo la luz. Estamos programadas para dormir mejor en un espacio oscuro y fresco.

2 RESPIRA

Las respiraciones cortas y poco profundas no son lo mejor para ponernos a dormir. Para arrullarnos y volver a dormir, podemos abstenernos de contar ovejas y limitarnos a fijarnos en la profundidad de nuestra respiración. El objetivo es disminuir el ritmo de nuestra respiración haciendo respiraciones más profundas y conscientes.

Si eso no funciona, podemos intentarlo con la visualización. Al visualizar una playa, podemos utilizar el flujo y el reflujo de las olas para estabilizar nuestra respiración. Mira cómo la ola recula e inspira mientras se aleja hacia dentro del mar, y luego, cuando se acerque, a punto de romper en la orilla, puedes exhalar lentamente. Repite hasta que te pesen los párpados.

3 SAL DE LA CAMA

Mirar el reloj y calcular cuántas horas nos quedan para levantarnos por la mañana hace que nos despertemos aún más. Nos sentimos más invadidas por el pánico, más estresadas, más despiertas. Si llevamos ya veinte minutos y aún no estamos soñolientas, puede que tengamos que reconsiderar algunas actividades relajantes hasta que nos volvamos a sentir cansadas. Esto podría ser leer un libro, escuchar música relajante o hacer yoga, cualquier cosa que estimule la serenidad y nos haga sentir soñolientas.

4 DESAHÓGATE

Esos pensamientos a las dos de la madrugada son bestias astutas que cobran vida en medio de la noche. Puede ser que los pensamientos estén zumbando en la mente innecesariamente y que tan solo necesiten salir. Puede que tengamos la solución a un problema que nos va resonando en la cabeza y simplemente tenemos que capturarlo. Tanto si son ideas como preocupaciones que nos dan vueltas por la mente, descargar esos pensamientos en una libreta puede ser increíblemente liberador.

5 TÓMATE UNA BEBIDA CALIENTE

Igual que una ducha o una bañera caliente puede relajarnos, lo mismo se puede aplicar a una taza de leche caliente o a una manzanilla. El acto de prepararla puede distraernos, y beberla puede aliviar el estado de alerta que sentimos.

Piensa en las cosas con las que disfrutabas de pequeña:

_____

_____

_____

_____

_____

_____

_____

_____

¿Qué te preocupa?
Vacía el contenido de tu mente en este espacio.

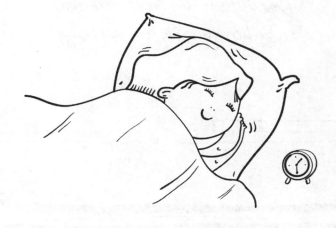

Piensa en tu rutina al acostarte.
¿Cómo la podrías modificar para favorecer el sueño?

Caja de herramientas de self-care.
¿Qué herramientas hay en la tuya?

Tu plan de autocuidado de emergencia:

○

○

○

○

○

○

○

○

○

○

Una carta de mí para ti

Hola pequeña saltamontes,

Acabas de dar un salto grandioso para cuidarte mejor, y eso no es tarea fácil. Así que choca esos cinco, choca ese puño, te mereces una palmadita en la espalda, dar una voltereta y hacer una enorme respiración profunda. Estoy muy orgullosa de ti porque sé lo difícil, incierto y tambaleante que puede ser este primer paso. ¡Lo has conseguido!

Tanto si tu punto de partida era bueno como si era terrible, seguramente te estás sintiendo un poco abrumada con los cambios que quieres hacer, tal vez un poco sorprendida por algunas cosas que has desenterrado acerca de ti y, con suerte, tienes un poco más de comprensión de tus necesidades y de cómo sacar algunas actividades a codazos para dejar espacio a esas necesidades.

Cuando pases por un bache, porque siempre llega, ten en cuenta que puedes salir y que saldrás adelante. Indaga en lo más hondo y encontrarás los diamantes de fuerza que hay en ti (te prometo que están allí); aférrate bien fuerte a esos valiosos granitos de esperanza y recuerda que, un día, mirarás atrás y te maravillarás de la valentía, la fuerza y la determinación que encontraste dentro de ti. Y también recuerda que alguien, en alguna parte, se inspirará con tus actos de valentía y sentirá un atisbo de fe en sí mismo gracias a ti.

Tampoco dejes que los baches te persigan; ahora ya se han ido. No dejes que te ensombrezcan. Recuerda que tienes las herramientas para salir de ellos cuando vuelvan, si vuelven.

La lluvia siempre amainará, las nubes acabarán desvaneciéndose, el polvo siempre acabará depositándose en el suelo.

Sustituye esos palos con los que te flagelas por reconfortantes palabras amables. Busca aprendizajes en tus errores. Es imposible que todo sea culpa tuya; hay otras personas que también existen y también están aprendiendo. Ellas cometerán errores, tú cometerás errores, yo cometeré errores. Tú no dejarás de cometer errores si sigues creciendo, pero puedes empezar a aprender de ellos en vez de recopilarlos y cargar con ellos sobre los hombros.

Cuídate bien, vales mucho. Eres importante, siempre lo has sido. Eres increíble tal como eres ahora mismo.

Dosifica un poco de ti cada día que pase y prepárate para florecer en formas que te asombrarán. No pasará de la noche a la mañana, pero un día echarás la vista atrás y verás que has crecido, que has florecido y que realmente solo necesitaste bondad para ayudarte a hacerlo. Bondad contigo misma.

Por favor, échale leña al fuego de tu propio ser, pero no dejes que los demás te agoten: enséñales cómo echar su propia leña al fuego. Sé el ejemplo que necesitan.

Continúa reconfortando y nutriendo tu esencia. El mundo necesita lo que tú, y solo tú, tienes que ofrecer. Es un sitio mucho más rico y más mágico gracias a ti. Nunca dudes de la diferencia que marcas, simplemente por ser como eres.

Tu luz brilla con intensidad. Lo que pasa con nuestra luminosidad es que brilla hacia el exterior como el foco de un faro. Puede que tú no notes los beneficios de tu llama, pero ten por seguro que el resto de nosotros sí. Nosotros vemos lo radiante que brillas. Solo porque tú no lo veas no significa que no esté allí, iluminando las vidas de los demás, cubriéndoles con cariño y desencadenando una oleada de seguridad. Ve con la cabeza bien alta, eres un ser maravilloso; eres válida, no lo dudes. Exactamente como eres en este preciso momento.

Te mereces centellear, te mereces brillar. Te mereces estar llena a rebosar de felicidad. Te mereces estar motivada, sentirte efervescente. Te mereces vivir para ver cómo tus sueños se hacen realidad. Te mereces todo lo que el mundo tiene que ofrecer, y más. Te lo mereces todo.

Y si pierdes la fe en ti misma, puedo prestarte un poco de la mía, porque mi fe en ti nunca flaqueará. Yo creo en ti hasta el infinito y más allá; creo que tienes justo lo que se necesita para superar lo imposible.

Te mando un enorme achuchón.

Jayne

Algunos de mis recursos preferidos

Intento seleccionar el contenido de lo que veo cuando accedo a mis redes sociales personales para que me resulte inspirador y positivo. Tardé bastante tiempo en darme cuenta de que tengo el control sobre lo que veo en internet y de que las redes sociales son una herramienta que puede tanto animarnos como hacernos sentir bastante mal. Y esto puede cambiar según como me sienta.

Para esos momentos duros, tengo algunas páginas web (en inglés) marcadas como favoritas que realmente me han hecho de salvavidas en algunos momentos. Para los momentos más positivos, tengo páginas que me ayudan a explorar quién soy y a encontrar el camino de quién me gustaría ser.

El objetivo es que las redes sociales, en vez de permitirles ser un palo con el que flagelarme, sean más bien como una manta calentita y agradable.

Te lo he puesto todo en una lista, aunque sea una lista realmente variada, esperando que te ayude a ti también a descubrir algunas joyas. En vez de hacerte otra lista con todas las plataformas que tienen estas páginas en las redes sociales, puedes hacer clic en los iconos de las redes sociales en sus respectivas páginas de inicio y las encontrarás.

<www.blurtitout.org>
No te extraña que tenga esta página en los favoritos, ¿verdad? Estoy verdaderamente orgullosa del contenido que producimos y me parece muy útil cuando noto que la depresión se me está acercando a hurtadillas. También me ayuda a recordar que no soy esa inútil zángana que la depresión quiere que crea que soy.

Headspace: <www.headspace.com>
Sus artículos de blog me parecen increíblemente esclarecedores y ayudan a la reflexión.

Living Life: <www.llttf.com>
Yo he utilizado los módulos de TCC que ofrecen muchas veces, y seguiré haciéndolo.

Samaritanos: <www.samaritans.org>
No me avergüenza admitir que he llamado a los samaritanos alguna vez y no dudaría en volver a hacerlo. Para una dosis de empatía y consejos en los momentos más oscuros. Son salvavidas.

I'm Alive: <www.imalive.org>
7 Cups of Tea: <www.7cups.com>
Para las veces que la ansiedad me ha provocado que el uso del teléfono sea algo realmente aterrador, he utilizado estas fuentes de apoyo online y han sido increíbles. Otro salvavidas.

Self-Compassion: <www.self-compassion.org>
Cada vez se me da mejor esto de practicar la autocompasión, y creo que leer esta página web me ayuda a esforzarme para hacerlo aún mejor. Es un proyecto en constante desarrollo, ¿verdad?

Thrive Global: <www.thriveglobal.com>
¿Progresar no es lo que todos queremos? Yo entro y salgo mucho de esta página web porque me encanta aprender y leer las perspectivas de otras personas sobre los mismos problemas que yo afronto.

Quiet Revolution: <www.quietrev.com>
Tardé años en darme cuenta de que uno de los motivos por los que yo no sentía que encajara era porque era introvertida y tenía muchos amigos extrovertidos. Ha sido liberador aprender cosas de la introversión y cómo las escuelas y demás tienen una inclinación hacia la extroversión.

Calm: <www.calm.com>
Esta es la aplicación a la que recurro para la meditación y el mindfulness. Me encanta el hecho de que las grabaciones aborden las dificultades que podemos tener cuando empezamos a meditar. Para mí, meditar no es nada fácil, y Tamara me redime totalmente de culpa, lo cual significa que aprovecho el silencio y la solitud comiéndome muy poco la cabeza.

The Mighty: <www.themighty.com>
Mis experiencias en cuanto a enfermedades mentales han sido básicamente la depresión y la ansiedad. The Mighty es una plataforma genial donde la gente comparte sus experiencias con enfermedades relacionadas con la salud mental. Para mí, la valentía que demuestran esas personas es inspiradora. También pienso que podemos aprender muchas cosas escuchando a los demás y prestando atención a sus experiencias.

Estos son mis ilustradores favoritos, llenos de empatía y valentía. Tienen una destreza creativa que a mí me encantaría tener. Para que veas, una vez dibujé un petirrojo y ¡Peggy pensó que era un canguro! Estoy asombrada de lo que consiguen estos genios creativos, y hacen que mis redes sociales sean mucho mejores.

Stacie Swift: <www.stacieswift.com>
Ruby etc: <rubyetc.tumblr.com>
Dallas Clayton: <www.dallasclayton.com>
Gemma Correll: <www.gemmacorrell.com>
Katie Abey: <www.katieabey.co.uk>
May the Thoughts be With You: <www.maythethoughtsbewithyou.com>
Sweatpants and Coffee: <www.sweatpantsandcoffee.com>
Mari Andrew: <www.bymariandrew.com>
Sonaksha Iyengar: <sonaksha.tumblr.com>

Ser madre, y ser madre trabajadora, es un caleidoscopio de emociones. Estas magníficas mujeres me ayudan a sentirme menos sola cuando hablan de la maternidad de forma honesta y brillante, sin restricciones. Es revitalizador, es reconfortante y me encanta.

The Unmumsy Mum: <www.theunmumsymum.co.uk>
Mother Pukka: <www.motherpukka.co.uk>
Giovanna's World: <www.giovannasworld.com>
My Milo & Me: <www.mymiloandme.com>

Agradecimientos

Ha habido veces en las que me he sentido tan aislada e incomprendida que quería desaparecer. Veces en las que me he sentido tan afligida por la depresión que estaba vacía, la sonrisa no me llegaba a los ojos. La depresión hizo un gran trabajo para convencerme de que el mundo iría mejor sin mí, de que nadie me echaría de menos. No me podía ni imaginar que me volvería a sentir parte de algo, que tendría amigos, que me sentiría querida. Tener la oportunidad de elogiar de viva voz y con orgullo a las personas a las que estoy agradecida es algo que aprovecharé con todo mi corazón.

A Domski, no me alcanzan las palabras para expresar la inmensa gratitud que siento por ti. Las palabras no hacen justicia al profundo amor que siento por ti y la magnitud de cómo me siento al ser la receptora de tu amor incondicional por mí. La vida no siempre ha sido justa contigo, te ha golpeado y te ha magullado, y, aun así, tu amor no tiene límites. Tienes una mirada, que estoy bastante segura que está reservada solo para mí, que dice: «Creo en ti, te quiero y te ayudaré». Y así lo haces. Esta mirada tuya me da fuerzas. Crees en mí cuando mi autoestima está baja. Me amas incluso cuando lo soy todo menos amable. Y me ayudas de muchas maneras: con tus abrazos, cuando me secas las lágrimas, cuando me animas, con las notitas que me dejas en el portátil, con nuestro trabajo en equipo en los momentos más duros, con la sensación de que tu vida y la mía siempre han estado destinadas a estar entrelazadas, cuando me das de la mano y navegamos juntos los nuevos caminos que tomamos en la vida. Ha sido un enorme privilegio para mí caminar por la vida a tu lado; no hay otro lugar donde preferiría estar. Gracias por elegirme a mí. Gracias por abrirme tus puertas. Gracias por confiarme tu corazón; te prometo que está en buenas manos.

A Peggy, gracias por ser mi pilar. Ser tu madre es la experiencia más exquisita del mundo. Tú me enseñas a mí muchísimo más de lo que yo nunca te podré enseñar a ti: la magia de las cosas simples, el poder de un abrazo universal, que la depresión me estaba mintiendo cuando me decía que sería una madre horrible, que el orgullo de serlo me puede levantar y hacerme superar los momentos más duros, que no pasa nada por tropezar y desmoronarse; me has enseñado también los nombres de todos los dinosaurios, y cómo volver a jugar. Le añades mucha chispa a mis días; no tengo palabras para expresar cuánto significas para mí, así que ni lo voy a intentar. Espero que puedas sentirlo en tu corazón.

La siguiente eres tú, Mother Hubbs. Qué suerte tengo de tenerte como madre. Si tuviera que elegir una madre, serías siempre tú. Me asombras, y espero poder ser para Peggy una pizca de la madre que has sido tú para mí. Has molado mucho como madre y has hecho que pareciera muy fácil, aunque ahora sepa que a menudo no es para nada fácil. De alguna manera, y no sé muy bien cómo, me has dado espacio para que descubra quién soy a la vez que me has rodeado de seguridad. He cometido algunos errores muuuuy grandes, pero tú nunca te has puesto nerviosa.

Tu gracia, paciencia y amor me han llevado por una suave ola que me ha mecido mientras atravesaba algunas tormentas extremas. Gracias por todo lo que eres, por todo lo que has hecho y por todo lo que continúas siendo. Eres mi mayor inspiración y estoy extremadamente agradecida de que me convencieras para que volviera a escribir. No sé qué sueño ha hecho realidad este libro, si el tuyo o el mío. Tal vez tus sueños sean mis sueños, del mismo modo que los sueños de Peggy serán un día los míos. Cuando sea mayor, quiero ser como tú.

La maternidad nos ha unido, Clairie Wairie Airy Fairy, y me alegro mucho de que haya sido así. Te eché de menos durante ese tiempo raro por el que creo que pasan todos los hermanos y hermanas; ese tiempo al inicio de la etapa adulta en el que nos crecen las alas y tenemos que encontrar cómo valernos por nosotros mismos. En retrospectiva me he dado cuenta de lo necesario que fue ese tiempo tanto para ti como para mí. Estoy agradecida de haber vuelto a crecer juntas cuando ya éramos adultas hechas y derechas. Tú ya no necesitas una hermana mayor que te cuide, y este nuevo rol, de amiga, lo aprecio aún más. Crecer a tu lado ha sido muy divertido. Tú me has enseñado el poder de la perspectiva, que dos personas pueden experimentar la misma cosa, pero su experiencia de esa misma cosa puede ser diferente. Me alegra mucho que aún compartamos el sentido del humor, ese que no tiene sentido para nadie más. Solo necesito una mirada tuya para notar cómo las risas me empiezan a burbujear por dentro, y normalmente en los momentos menos oportunos. Tienes un corazón tan grande que no tengo ni idea de cómo te cabe dentro del pecho, y tu lealtad no tiene límites. Tú me apoyas a mí incondicionalmente, y yo a ti. Siempre.

Papi, vaya camino más escabroso hemos compartido, ¿verdad? El amor puede ser incondicional y a la vez desconcertante. El amor puede ser complicado, y no siempre se puede sentir. Puede doler, y puede curar. Quiero que sepas que eres más agradable de lo que piensas. Espero que algún día aflojes esa fortaleza que te rodea y dejes entrar un poco más de amor; te mereces sentir el amor que hay para ti. Lo has hecho lo mejor que has sabido; ahora ya lo sé. Tenías heridas que no se curaban; ahora también lo sé. Te queremos todos, mucho más de lo que piensas.

Crecer con una familia tan grande ha sido algo mágico, y nunca me ha faltado gente de la que aprender o con la que jugar. Dicen que los amigos son la familia que eliges, pero yo he tenido mucha suerte de tener una familia llena de personas a las que siempre hubiera elegido como amigas. Son extraordinarias. Quiero dar las gracias especialmente a Ammy, Keithie, Wendypops y Adgie. Ya sabéis por qué.

A Stacie, Lotte, Maddy, Carlyn, Naomi, Steph, Jessy, Troy, Emma, Holly y Jo, un enorme gracias desde lo más profundo del corazón a cada uno de vosotros. Es un increíble honor trabajar con vosotros y teneros como amigos a todos. Cada día me pellizco porque no puedo creerme que trabajar pueda ser tan divertido y lleno de propósito. Tenéis un gran corazón, sois amables, generosos, apasionados e inspiradores. Os valoro mucho a todos. Este libro no sería nada sin vosotros: habéis sido magníficos con vuestras lluvias de ideas, increíbles comunicadores sociales y protectores de la fortaleza Blurt, y habéis sido unos campeones en su desarrollo. Muchísimas gracias.

Abbie, eres un enorme rayo de sol. Llegaste a mi vida y desafiaste todo cuanto creía posible. Gracias por ver algo en mí que yo no podía ver en ese momento. Gracias por nutrirme, guiarme y enseñarme. Gracias por tu gentileza, tu paciencia y tus increíbles discursos motivacionales. Me has levantado muchas más veces de las que seguramente te hayas dado cuenta. Gracias por todo.

Un enorme gracias para Olivia y para todos en Orion Spring. Gracias por darme la oportunidad de poner mis reflexiones sobre el autocuidado en palabras, por llevarme de la mano a lo largo del proceso, y por tu compromiso extraordinario con este libro. Eres un regalo que nunca hubiera soñado tener y he aprendido mucho de ti. Has hecho que la experiencia de escribir un libro fuera divertida, satisfactoria y emocionante. Gracias por creer en mí.

En Blurt tenemos un canal de Slack llamado #nicestuff («cosas bonitas») en el que soltamos todas las palabras de amabilidad y apoyo que recibimos de la familia Blurt. Esas cosas bonitas nos llegan de todas partes: de las redes sociales, de cartas, de tarjetas que recibimos por correo ordinario y de correos electrónicos. Cada día se añade algo nuevo al canal, y no puedo llegar a expresar lo poderoso que ha sido eso; me ha ayudado a mí, y al increíble equipo de Blurt, a atravesar momentos inciertos, momentos oscuros y momentos en los que tengo la sensación de que no estoy haciendo lo suficiente. Gracias a todos los que habéis contribuido en este canal; no tenéis ni idea de lo mucho que me habéis animado, lo potentes que han sido vuestras voces contra mis pensamientos dañinos, y qué gran diferencia habéis marcado. Seguiré trabajando duro para asegurarme de que se os escucha y comprende a todos.

Comparte tus batallitas sobre el autocuidado,
tus retos de autocuidado y tus momentos <<ajá>>
utilizando el hashtag

#selfcareproject

en las redes sociales.